채권 투자란 무엇인가?

Bill Gross on Investing
Copyright ⓒ1997, 1998 by William H. Gross. All rigts reserved.

Korean Translation Copyright ⓒ2011 by Iremedia Co., Ltd.
This edition published by arrangement with Currency, an imprint of
Random House, a division of Penguin Random House LLC.
through EYA(Eric Yang Agency)

이 책의 한국어판 저작권은 EYA(Eric Yang Agency)를 통해
Random House, a division of Penguin Random House LLC.와 독점 계약한 이레미디어에 있습니다.
저작권법에 의하여 한국 내에서 보호를 받는 저작물이므로 무단전재와 복제를 금합니다.

변화하는 금융시장에 대비하는 빌 그로스의 투자 전략

채권 투자란 무엇인가?

윌리엄 H. 그로스 지음 | 박준형 옮김

이레미디어

아내 수는 인생이 시작되었던 때부터 나와 함께 했고, 아내와 함께 했던 지난 13년은 내게 가장 행복한 시간이었다. 만약 천국이 있다면 아마 이런 느낌이리라. 아내에게 변함없는 사랑과 존경을 표한다.

장남 제프와 둘째 딸 제니퍼는 벌써 다 큰 어른이 되었다. 그리고 막내 닉은 아직 어리지만 제 딴에는 다 컸다고 생각하는 것 같다. 나는 내 아이들이 계속 황금달걀을 찾으면서 한편으로는 초콜릿으로 만든 달걀도 무심히 지나치지 않기를 바란다. 여러 종류의 달걀들이 모여 훌륭한 인생이 만들어지고 인생의 기반이 되기 때문이다. 아이들에게 무한한 기대와 사랑을 보낸다.

어머니 셜리에게는 부모가 되는 것이 얼마나 힘든 일인지 알게 되었다고 말씀드리고 싶다. 나는 엄청난 말썽꾸러기였다. 어머니의 변함없는 헌신과 사랑에 감사드리고, 나 또한 그분을 사랑한다.

감사의 말

책을 쓰려면 여러 가지가 필요하다. 무엇보다 먼저 책을 읽어줄 독자가 있어야 한다. PIMCO에서 오랫동안 일했던 나는 여러모로 운이 좋았다. 내가 쓰던 인베스트먼트 아웃룩Investment Outlook의 애독자들은 늘 내게 책을 써 보면 어떻겠냐고 조언하곤 했다. 이렇게 지난 10년 동안 나를 격려해 준 고객들과 동료에게 감사드린다.

또 책을 쓸 때 없어서는 안 되는 존재가 능력 있고 열정적인 어시스턴트다. 대넬 레이머는 몇 시간 동안이나 컴퓨터 앞에 앉아 그래프를 수정하고 내가 쓴 문장의 어법을 고쳐주며 나를 대신해 에디터나 외부 세계와 소통하곤 했다. 이 책에 그녀가 남긴 흔적은 너무 많아 일일이 열거할 수 없을 정도다.

프롤로그

　지금까지 금융시장은 활황의 시대를 누려왔다. 1970년대 중반부터 주식시장이 매우 강한 상승세를 보였던 데다가, 1981년 이후부터는 채권시장도 훌륭한 성적표를 내놓기 시작했다. 게다가 1980년대 폴 보커Paul Volcker 연방준비위원회 의장이 저금리 시대의 막을 열면서, 미국인들은 부자가 되려면 당연히 금융시장에 투자해야 한다고 생각하였다. 하지만 그 전에도 1720년 남해회사거품 사건, 광란의 20년대, 1975년부터 1985년까지의 부동산 시장 폭등 같은 투자자나 투기자들이 놓쳐서는 안 될 절호의 기회가 있었다. 이 시절에는 투자 종목을 고심해서 선택하지 않아도 2달러짜리 주식을 사면 금세 4달러가 되어 버릴 정도로 주가가 상승했다.
　하지만 앞으로는 투자가 전처럼 쉽지만은 않을 것 같다. 지금까지의 '돈의 시대'는 아주 특별했다. 첫째, 주식시장은 지난 25년간, 채권시장은 15년간 강세장을 지속하면서 유례없이 장기적인 호황을 기록했다. 물론 블랙먼데이라고 알려진 1987년 주가 폭락과 1994년 채권시장 혼란을 겪긴 했지만, 이들 모두 오랜 시간에 걸친 정체라기보다는 짧은 조정에 불과했다. 둘째, 이처럼 오랜 시간 시장이 초강세를 이어올 수 있었던 이유는 기업들의 영업이익이 높았고, 반대로 인플레이션과 금리는 역사상 가장 낮은 수준에 머물렀기 때문이다. 그런데 앞으로는 달라질 것이다. 1970년대 중반 이후, 기업들은 연평균 10% 정도의 높은 세후영업이익을 실현해 왔다. 두 자리 수에 육박하던 인플레이션은 1981년 이후 2%~3% 정도로 유지되고 있으며 1981년 15.25%였던 미국 국채수익률은 1993년 6%까지 하락했다. 이렇게 좋은 조건은 적어도 앞으로 1세대 동안 되풀이되기 힘들 것이다.

따라서 주식시장이 앞으로도 지난 20년과 비슷할 것으로 기대하는 투자자들은 실망할 것이다. '돈의 시대'는 막을 내리고 있다. 그렇다고 이제 갑작스럽게 불황이 시작된다는 뜻은 아니다. 1998년의 위기나 1999년 닷컴 붕괴가 되풀이된다는 뜻도 아니다. 투자자들을 겁주거나, 갖고 있는 주식과 채권을 모두 팔아버리고 현금(달러화)이나 다이아몬드, 금 같은 현물로 바꿔야 한다는 뜻도 아니다. 다만 15%~20%의 투자수익률을 자랑하던 초강세가 빠르게 포화 상태에

도달하고 있으며, 지금은 6%대의 투자수익률을 바라는 정도로 기대를 낮추어야 한다는 의미다.

투자수익률 6% 시대

미국의 유명한 유머리스트 윌 로저스Will Rogers는 힘들고 길었던 대공황 시절에 "나는 투자한 돈에 대한 수익이 얼마인지보다는 투자한 원금을 회수할 수 있는지에 더 관심이 있다"고 말한 바 있다. 그러나 우리 앞에 펼쳐진 미래가 이처럼 암담하지는 않다. 원금 회수를 걱정해야 할 정도는 아니고 투자 수익은 인플레이션 대비 꽤 괜찮은 수준을 유지할 것이다. 다만 지금껏 투자자들이 익숙해져 있던 수준에 못 미칠 뿐이다. 이제부터는 '투자수익률 6% 시대'다. 그런데 여기에도 노력이 필요하다. 잘나가던 종목이어서 투자를 했더니 갑자기 주가가 하락한다든가, 금리가 4%대인 CD나 계속 붙잡고 있는 보수적인 투자를 한다든가, 혹은 전문 펀드매니저에게 돈을 맡긴답시고 비싼 수수료를 지불한다든가 하면 중간도 가기 힘들다.

다른 투자자들보다 뛰어나려면 향후 세계경제의 흐름을 이해해야 한다. 디스인플레이션이 유발되지는 않는지, 투자자들이 두려워하는 인플레이션이 가속화되지는 않는지, 주가나 채권이 오르려면 어떤 조건이 필요한지 등에 대해 알아야 한다. 또 흔히 "채권보다는 주식이 낫다"고들 하는데, 이와는 반대로 앞으로 몇 년간은 채권투자가 주식에 비해 상대적으로 더 나을 것 같다. 투자자들은 그 원인을 파악하고 좋은 채권을 가려내어 투자의 안전성과 수익성을 모두 확보할 수 있는 방법을 찾아야 한다. 마지막으로 명심할 것은 성공의 열쇠는 투자자가 쥐고 있다는 사실이다. 투자자의 심리, 인내심 혹은 조바심, 투자 의지, 사태를 관망하면서 수익이 오를 때까지 기다릴 수 있는 자세 등 모든 것이 맞아 떨어질 때 괜찮은 혹은 높은 수익을 올릴 수 있다.

이 책은 독자들이 시장 상황을 정확하게 이해하는 데 도움이 되길 바라는 마음으로 썼다. 이 책에는 내가 퍼시픽 인베스트먼트 매니지먼트 컴퍼니PIMCO에서 25년간 일하면서 쌓은 경험과 앞으로 5년 후, 더 나아가 21세기의 금융시장에 대한 나의 예측이 담겨 있다. 각 장마다 내 삶의 의미, 내가 머리 가죽이 벗겨지고도 살아난 이야기와 그때의 기분 등 이런저런 신변잡기로 시작한다. 나는 항상 투자에 관한 책도 재미있어야 한다고 생각한다. 그래서 정보를 전달하면서도 재미있게 쓰려고 노력한다. 투자수익률 6%시대를 시작하는 시점에서, 이 책이 독자들에게 즐거우면서도 유익한 주식 투자 방법을 제공하기를 바란다.

차례

프롤로그 • 6

Part 1 **초강세장이여, 안녕**

● Chapter 1
　버틀러크릭Butler Creek으로 향하다 • 17
　– 투자수익률 6% 시대의 투자

● Chapter 2
　노를 저어서 • 32
　– 똑똑한 투자를 위한 장기적인 시각

Part 2 경제적인 조건

● Chapter 3
눈으로 이해하자 • 47
– 좋은 경제 사이클과 나쁜 경제 사이클에 대해서

● Chapter 4
부활절 그랩페스트 축제 • 61
– 시장의 자경단원과 투자 사냥

● Chapter 5
플랑크톤 이론 • 80
– 베이비붐 세대, 베이비버스터 세대 그리고 미래

● Chapter 6
아인슈타인 경제학 • 95
– 장기적인 저임금 추세

Part 3
투자수익률 6% 시대의 투자법

- **Chapter 7**
  투자에서 감정을 배제하자 • 119
  – 투자 알람시계를 맞춰라

- **Chapter 8**
  머리 가죽이 벗겨지지 않으려면 • 135
  – 투자 다변화와 수수료 관리

- **Chapter 9**
  노이즈를 팔다 • 154
  – 시장의 변동성에 대한 이해와 대처 방법

- **Chapter 10**
  아프리카로부터의 메아리 • 170
  – 파생금융상품과 리스크 관리

BILL GROSS ON INVESTING

Part 4 투자수익률 6% 시대의 매력적인 투자상품

- **Chapter 11**
  천국의 포트폴리오 • 184
  – 투자수익률 6% 시대의 투자 전략

- **Chapter 12**
  남자들은 말썽쟁이 • 200
  – 투자수익률 6% 시대에 수익률곡선 타기

- **Chapter 13**
  가톨릭의 건전한 가르침 • 211
  – 물가연동채권에 투자하고 마음 놓고 자자

- **Chapter 14**
  15분간의 명성 • 222
  – 수익률을 높여주는 MBS

- **Chapter 15**
  연못의 왕, 거북이 예틀 • 230
  – 이머징마켓에 투자하기

- **Chapter 16**
  이상한 나라의 미키 • 245
  – 버틀러크릭 시대의 채권

- **Chapter 17**
  니체, 다윈을 만나다 • 256
  – 우리 앞에 놓인 투자 선택

BILL GROSS ON INVESTING

Part 1

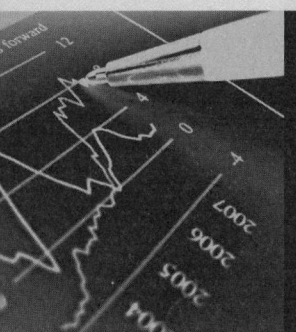

초강세장이여, 안녕

● 현재 활동하는 펀드매니저나 투자자 중 앞으로 우리가 겪어야 할 환경을 경험해 본 사람은 극소수다. 대다수는 초강세장만을 경험했기 때문에 앞으로 다가올 상황에는 준비가 덜 된 상태다. 지금 우리는 격랑이 일고 있는 거친 강이 아닌 얕은 골짜기로 향하고 있다. 지금까지의 투자시장은 변화 속도가 빨랐다. 채권 금리가 급격하게 떨어진 적도 있었고 주가가 빠르게 폭등한 적도 있었다.

Chapter 1

버틀러크릭Butler Creek으로 향하다

투자수익률 6% 시대의 투자

• • •

　　　　　　　　　　나는 강 근처에 살았던 적이 없다. 어린 시절, 오하이오 미들타운Ohio Middletown 외곽에 위치한 버틀러크릭에 살던 시절이 그나마 가장 강 가까이 살았던 때였던 것 같다. 그곳의 자연환경은 부드럽고 포근했다. 놀랄 일이라고는 가재와 도마뱀 따위가 고작이었고, 소년들이라면 누구나 꿈꿀 만한 즐거움과 놀라움으로 가득했다. 버틀러크릭에서 악몽은 없었다. 홍수가 발생한 적이 없었으니 제방이나 모래주머니를 쌓을 일도 없었다. 또한 홍수 피해로 삶이 파괴되는 일이 없으니 수해 이재민을 위로하기 위해 대통령이 방문하는 일도 없었다. 버틀러크릭은 1993년 대홍수를 일으켰던 미시시피 강과는 달랐다. 내 어린 시절 기억 속의 여름은 범람

하는 물을 피해서 달아나는 악몽이 아니라, 신이 나서 물에 뛰어들던 추억으로 가득하다. 버틀러크릭 근처에는 미국에서 가장 크고 오래된 것 같은 떡갈나무가 밑동을 드러내고 있었고, 그 밑의 물 소용돌이에는 물고기가 많아서 낚시하기 좋았다. 나와 형은 장난감 총으로 총싸움을 벌이기도 했고 덤불에 악당이 숨어 있다고 상상하며 놀기도 했다. 거북이가 곧잘 출몰하기도 했고, 버려진 오두막집을 요새로 사용하기도 했다. 또 바닥에 떨어져 있는 뾰족한 나뭇가지들을 주워 놀곤 했다. 이처럼 나는 강가에 살면서도 강을 무서워했던 적은 없었다.

지금 나는 바닷가에 산다. 친구들은 쓰나미가 일어나면 세인트루이스를 덮쳤던 미시시피 강처럼 바닷물이 우리 집을 덮칠지도 모른다고 농담을 하곤 한다. 하지만 우리 집은 바다에서 50야드(약 46미터) 정도 떨어져 있어서 얼바인 코브Irvine Cove(캘리포니아 오렌지카운티에 있는 부유한 주택가) 게이트가 보호하고 있는 이웃집들과 마찬가지로 안전하다. 내 아이들은 윈드서핑을 즐기고 모래성을 쌓고 가재를 잡으며, 아이들이라면 누구나 꿈꿀 만한 즐거운 일들로 시간을 보내고 있다. 집 근처에는 올라타기 좋은 나무가 있고 놀기 좋은 공원도 있다. 막내아들 닉은 자전거를 타고 다니고, 이제 20대가 된 제프와 제니퍼는 각자 자신들만의 멋진 자동차를 가지고 있다. 내 아이들도 무시무시하게 요동치는 강가에 살아본 경험이 없다.

앞으로 우리 아이들이 어떻게 살게 될지는 모르겠다. 하지만 쉽두 살 먹은 부모의 입장에서 아이들이 인생의 전반기인 서른다섯 살이나 마흔 살이 되기 전에 약한 홍수 정도는 몇 번 경험하고 중년이 된 후에는 잔잔한 바다에 대한 고마움을 느끼면서 살면 좋겠다고 생각한다. 하지만 힘든 일이다. 일부러 아이들을 성난 파도 속으로 던져 넣을 수도 없는 일 아닌가? 아이들이 20대가 되어 독립시키기는 어렵지 않다. 아이들이 상처를 입으면 부모로서 당연히 도움을 줄 수 있다. 하지만 아이들에게 "안 된다"고 말하기는 매우 어렵다. 지금 당장은 안 된다고 말하기가 힘들어도 그것이 나중을 위해서는 나은 선택이라는 사실을 알고 있더라도 어렵기는 마찬가지다. 게다가 아무리 노력해도 인생이 쉽게만 흘러가지는 않는다. 인생은 고난과 가슴앓이로 가득 차 있다. 얼바인 코브에 살고 있는 아이들이라고 예외는 아니다. 모래주머니를 아무리 많이 갖고 있다고 하더라도 모든 어려움을 막을 수 있을 만큼 제방을 높게 쌓을 수는 없다.

| 미시시피 강에서 윈드서핑하다

펀드매니저들에게 20세기 말은 황금기였다. 시장에 발을 담그기만 하면 무조건 잘나가는 듯이 보이는 시절이었다. 스타급 투자자가 하는 일이라고는 전액 투자를 하고, 짐을 꾸려 프랑스 리비에라

Riviera에서 장기 휴가나 즐기는 것이 전부였다. 하지만 일반적으로 인생살이도 혹은 투자도 이처럼 쉬운 일만은 아니다. 우리는 홍수가 일어나고 조류가 바뀔 때를 대비해야 한다. 즉, 호황이나 불황을 가리지 않는 투자자가 되어야 한다.

그런데 상당수는 그렇지 않았다. 펀드매니저들도 아이들처럼 호된 경험을 통해 성장한다. 또 자신과 대중들에게 자신의 성공이 단순히 강세장 덕분만은 아니었다는 사실을 입증해야 한다. 여기에서 호된 경험이란 투자자의 적응력을 시험하는 지루한 약세장이다. 약세장에서도 투자 포트폴리오를 수정하지 않고 여전히 전액 투자를 유지하면서, 언젠가 시장 상황이 나아져 투자 손실이 메워지기만을 기다린다면 애초부터 이렇다 할 전문성이 없는 펀드매니저다. 이들에게 돈을 맡기느니 차라리 지표와 연동되면서 수수료도 적은 인덱스펀드에 돈을 투자하는 것이 장기적으로는 더 나을 것이다.

불황에도 타격 받지 않는 투자자가 되기 위해서는 변화하는 시장 상황을 파악하는 능력이 있어야 한다. 불황이라고 해서 자신의 투자 철학을 버리는 것이 아니라 변화에 맞게 적용시키면 된다. 바텀업 bottoms-up 투자자(개별 종목이나 특정 기업의 주식에 관심을 갖고 투자하는 투자자로 투자할 때 경제 상황이나 시장 사이클보다는 기업의 전망을 더 중요하게 여긴다)도 마찬가지다. 다만 향후 몇 년간의 경제 상황을 예측해서 주식 포트폴리오를 지속적으로 조정해야 한다. 회사채 펀드매니저도 예외가 아니다. 단 기업 실적이 좋은 때와 그렇지 않은 때를 파악하고 그에 따라 채권 투자 포트폴리오를 수정해야 한다.

그래서 나는 요즘 버틀러크릭을 떠올리곤 한다. 이번 장의 첫 부분에서 내 유년 시절의 버틀러크릭과 1993년 미국 중서부를 초토화시켰던 미시시피 강을 비교했다. 버틀러크릭은 고요하고 잔잔했으나 미시시피 강은 사나웠다. 그런 점에서 이 둘은 투자시장과 닮아 있다.

지난 1980년대 말부터 2000년대 초까지 주식시장은 역사상 가장 역동적인 강세장이었다. 1981년 800선이던 다우지수는 8배나 상승했고 다른 여타 지수들도 비슷하거나 혹은 그 이상을 기록했다. 물론 1987년 10월 블랙먼데이처럼 주가가 일시적으로 폭락했던 시기도 있었지만, 전반적으로 주식시장은 상승곡선을 그렸다.

1981년 9월 이후부터는 채권시장도 주식시장의 상승세를 따르기 시작했다. 1994년 채권시장이 잠깐 동안 후퇴하긴 했지만 그것은 장기적이고 근본적인 상승에 대한 짧은 반발 작용에 불과했다. 미국재무부 장기채권 이자는 1981년 15.25%에서 1993년 말 5.75%까지 하락했다. 그 결과 채권 가격은 80%나 상승했고 1994년 채권시장 하락은 전체 가격 상승 중 25% 정도에 불과했다. 덕분에 채권 가격 상승은 같은 기간 동안의 주가 상승에 맞먹을 정도였다.

강에 비유하자면, 20세기 말의 주식 및 채권시장은 1993년의 미

현명한 투자자 시소를 타는 것 같은 채권 투자

채권 투자에 낯선 투자자들은 채권 금리와 채권 가격의 관계를 혼동하기 쉽다. TV에서 채권시장이 상승한다고 하면 채권 금리가 상승한다는 것일까, 아니면 주식시장에서처럼 채권 가격이 상승한다는 뜻일까? 이렇게 혼동되는 이유는 채권 금리 혹은 채권수익률과 채권 가격이 시소처럼 서로 반대로 움직이기 때문이다.

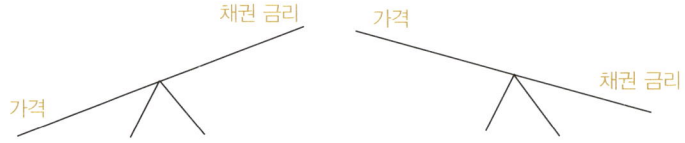

채권수익률이 상승하면 채권 가격은 하락한다. 반대로 채권수익률이 하락하면 채권 가격은 상승한다. 채권 만기가 길수록 가격의 상승 및 하락폭도 커진다. 반면에 채권 만기가 짧다면 시소의 축으로부터 별로 떨어져 있지 않은 것과 같아서, 가격과 채권수익률의 상승 및 하락폭도 크지 않다. 만기가 많이 남았다면 시소의 끝에 매달려 있는 것처럼 채권수익률이 위아래로 움직일 때마다 가격은 크게 달라진다.

자, 이제 채권 가격과 금리의 관계에 대해 배웠으니 질문에 대한 답을 쉽게 할 수 있을 것이다. 오늘 채권시장이 상승했다면 가격이 상승했다는 의미일까, 아니면 채권수익률이 상승했다는 의미일까? 정답은 채권 가격이 상승했다는 것이다.

시시피 강을 닮았다. 파괴적인 면에서는 그렇지 않지만 그 힘과 폭, 특히 오랜 기간 영향을 미쳤다는 점에서 그렇다. 채권과 주식시장 모두 역사상 가장 길고 가장 수익률이 높은 호황을 이어왔다. 이 때문에 상당수의 투자자와 펀드매니저들은 앞으로의 투자시장도 두 자리대의 수익률을 기록하면서 계속 오르기만 할 것이라고 생각했다. 하지만 사실은 다르다. 앞으로의 시장은 내가 어린 시절을 보냈던 버틀러크릭처럼 고요하고 잔잔할 것이다. 요동치는 일이 별로 없어서 주식과 채권 투자로 얻을 수 있는 총수익은 상대적으로 줄어들 것이다. 1980년대 초반 이후, 주식이나 채권의 연간 수익률이 15% 이상이었던 것과는 확연히 다르다.

현재 활동하는 펀드매니저나 투자자 중 앞으로 우리가 겪어야 할 환경을 경험해 본 사람은 극소수다. 대다수는 초강세장만을 경험했기 때문에 앞으로 다가올 상황에는 준비가 덜 된 상태다. 지금 우리는 격랑이 일고 있는 거친 강이 아닌 얕은 골짜기로 향하고 있다. 지금까지의 투자시장은 변화 속도가 빨랐다. 채권 금리가 급격하게 떨어진 적도 있었고 주가가 빠르게 폭등한 적도 있었다. 하지만 1950년대 후반부터 지금까지와 비교해 볼때 앞으로의 투자시장은 훨씬 잔잔하고 고요할 것이다. 다시 말하지만 우리는 버틀러크릭으로 향하고 있다.

축제는 끝나고

그 이유를 이해하기는 어렵지 않다. 아인슈타인의 이론이 그렇듯 수학적인 증거가 그렇게 말하고 있다. 먼저 채권시장을 살펴보자. 채권의 장기적인 수익은 무엇보다 최초의 채권수익률에 따라 좌우된다. 만약 1981년처럼 채권수익률이 15%였다면 5년~10년 후에는 15%의 투자 수익을 얻을 가능성이 상당히 높다. 물론 채권 총수익은 미래의 채권수익률, 6개월 단위로 지급되는 이자의 재투자 수익, 미래의 채권 가격에 따라 달라지기 때문에 장담하기는 힘들지만, 그래도 최초 채권수익률의 영향이 매우 큰 것은 사실이다. 실제로 미국에

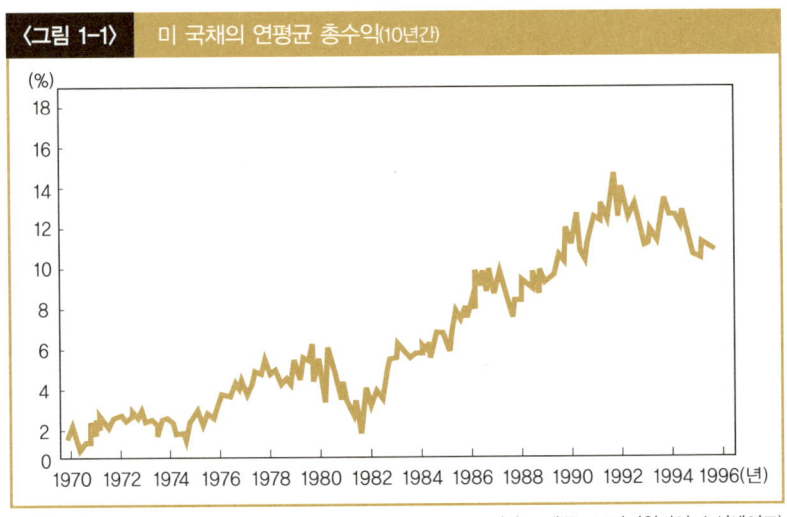

〈그림 1-1〉 미 국채의 연평균 총수익(10년간)

(자료 제공 : 브리지워터어 소시에이트)

서 채권수익률이 15% 이상을 기록했던 1981년으로부터 10년 후인 1991년까지의 채권 총수익은 15%였다(〈그림 1-1〉 참조). 〈그림 1-1〉은 1970년부터 미국 재무부채권이 10년간 거두어들인 총수익 평균을 그래프로 나타낸 것이다. 그래프를 살펴보면 1991년 채권의 총수익은 실제로 채권수익률과 비슷한 수준을 기록했음을 알 수 있다.

따라서 현재 채권수익률이 5%~6%인 미국 재무부채권이 앞으로

현명한 투자자 총수익

> 많은 투자자들이 채권의 총수익에 대한 개념을 이해하는 데 애를 먹곤 한다. 채권 투자로 발생하는 수익은 채권 이자뿐이라고 생각하기 때문이다. 이는 채권을 만기까지 보유했을 경우에만 적용되는 데 이 경우에도 주기적으로 지급되는 이자를 재투자하고 이때마다 다른 수익률이 적용된다면 총수익은 달라진다.
>
> 채권의 총수익은 이자 수익에 원금 상승분(혹은 원금 하락분)을 더한 값이다. 따라서 일 년간 벌어들인 채권 총수익을 계산하기 위해서는 일 년간의 이자 수익에 채권 가격의 변화를 더해야 한다. 앞에서 언급했던 수익률 6%의 시대란 채권수익률을 포함해 총수익이 6%라는 뜻이다.
>
> 주식도 마찬가지다. 다만 주식은 이자 수익이 아닌 배당금 수익을 고려해야 한다. 즉 주식의 총수익은 주식가격의 변화에 배당금 수익을 더한 값이다. 나는 앞으로 주식이 연평균 6%의 상승률을 보이고 배당금은 평균 2% 지급되어 채권보다 약간 높은 8%의 총수익을 기록할 것으로 예측하고 있다.

어느 정도의 수익률을 기록할지 예측하기는 크게 어렵지 않다. 1996년에 발행된 5년 만기 재무부 채권수익률이 6%였다면 2001년에는 6% 정도의 수익을 거둘 것이다. 5년 이상 중장기채권의 경우는 만기까지 아직 많은 시간이 남았고 당해 연도의 수익률이 시가에 영향을 미치기 때문에 예측이 약간 어렵다. 하지만 그렇다고 하더라도 최초의 채권수익률보다 크게 높아지거나 낮아지려면 금리에 급격한 변화가 있어야 하는데, 그럴 가능성은 그리 높지 않다.

주식가격의 잠재적인 상승을 분석하기 위해서는 기업의 배당수익률과 수익성장률을 추정해 계산해야 한다. 최초 배당수익률이 2%였다면 앞으로의 수익성장률을 추정해야 전체 총수익을 대략이나마

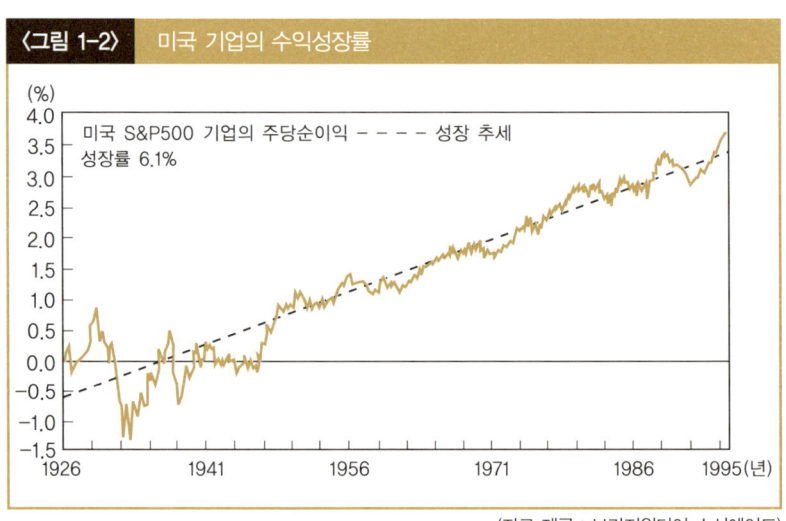

(자료 제공 : 브리지워터어 소시에이트)

예측할 수 있다. 물론 쉬운 일은 아니지만, 지난 70년간 S&P500 기업의 수익성장률은 6.1%였다(〈그림 1-2〉 참조). 여기에 배당수익률 2%를 합하면 총수익은 약 8%가 나온다. 현재 주가수익률이 역사적 평균보다 약간 높으므로 지금의 주가가 약간 고평가되었다고 감안해 수익성장률을 약간 낮추면, 20세기 말까지 주가가 8%의 수익률을 기록할 것이라는 내 예측과 맞아떨어졌다.

하지만 앞으로 투자시장이 버틀러크릭처럼 잔잔할 것이라는 주장이 단순히 산술적인 수치에만 근거한 것은 아니다. 그보다 더 중요한 증거는 경제적인 조건이다. 앞으로 채권은 6%, 주식은 8%의 수익을 거두기 위해서는 과거와는 사뭇 다른 경제 조건이 요구된다. 1970년대 경제는 돈을 융통하기도 쉬웠고, 인플레이션이 가속화되었다. 반대로 1980년대는 금융경색과 디스인플레이션으로 대표된다. 당시 경제 상황이 급격하게 바뀌면서 1981년 장기 재무부 채권 수익률이 15.25%까지 상승했다가 1993년에는 5.75%까지 하락했다. 즉, 3년~4년간 인플레이션 변화에 따라 채권 총수익이 마이너스였다가 연 18%까지 상승하기도 했다는 뜻이다. 주식시장도 이와 비슷하게 급등과 급락을 반복했다.

그러나 앞으로는 다를 것이다. 따라서 투자시장도 마찬가지일 것이다. 앞으로는 명목경제성장률(실질경제성장률+인플레이션)은 평균 4%~5%에 그치고 인플레이션은 2% 선에 머무를 것으로 보인다. 이 때문에 버틀러크릭처럼 잔잔한 투자시장이 예측되는 것이다(그 이유는 이 책의 파트 2에서 설명하겠다). 물론 앞으로도 완만한 경기 침체가 있을 것이고 경제 사이클 회복도 일어날 것이다. 하지만 적어도 주식이나 채권투자자들이 당황할 정도로 급격하면서도 지속적인 인플레이션 상승은 없을 것이다. 나는 다음 4가지 장기적인 경제 트렌드 때문에 인플레이션이 낮게 유지될 것으로 전망한다.

1 부채 수준이 높아 소비가 제한되고 있다.
2 이른바 '자본시장의 자경단원'들이 통화 및 금융 규율 강화를 요구하고 있다.
3 인구 구조의 변화로 미국 소비자들이 돈을 저축하고 '과도한' 소비를 줄이고 있다.
4 무역의 세계화로 임금 상승률이 완만해졌다.

이 4가지 트렌드는 과거 어느 때보다 뚜렷하게 나타나고 있으며 덕분에 경제성장은 완만해지고 인플레이션 압력은 감소하고 있다. 따라서 금리가 크게 변화할 가능성은 적다. 인플레이션이야말로 금리 결정에 가장 큰 영향을 주는 요소이고 금리가 앞으로 3년~5년간 크게 변하지 않는다면 채권 총수익(채권 금리+가격 변동)과 주식의 총수익(배당금+주식가격 변동)에도 큰 변동이 없을 것이다.

투자자들은 지난 15년간 주식과 채권시장의 호황이 무엇보다 인플레이션이 감소(경제학자들이 말하는 디스인플레이션)했기 때문이라는

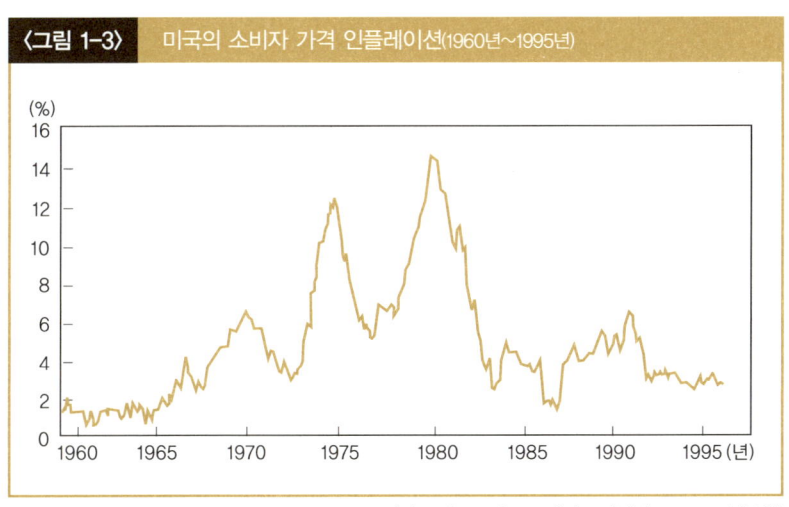

〈그림 1-3〉 미국의 소비자 가격 인플레이션(1960년~1995년)

(자료 제공 : 뱅크 크레디트 애널리스트, 1996년 2월)

사실을 명심해야 한다. 1981년부터 약 5년 주기로 인플레이션이 눈에 띄게 감소했다. 〈그림 1-3〉에서 보듯이 1980년대 초반 인플레이션이 급격하게 감소했으며, 그 이후 1984년부터 1989년까지 그리고 1990년부터 지금까지 인플레이션 감소세가 나타났다.

실제로 금융자산은 인플레이션이 낮게 유지될 때보다 감소할 때 더 큰 혜택을 받기 때문에 이 시기에 채권 및 주식시장은 강세장을 형성할 수 있었다. 인플레이션 감소 덕분에 채권 가격이 상승했고 주가수익률이 증가했으며 기업의 이윤이 급증했다. 이 3가지는 강세장을 만들어내는 요소, 아니 강세장의 정의 그 자체다. 하지만 이 3개 조건 중 2개가 사라진다면 강세장이라는 꽃은 금세 시들어 버린다. 채권 금리가 하락하지 않고 채권 가격이 상승을 멈추면 주가수익률은 고공 행진을 거듭할 수 없다. 주가수익률이 안정되면 주식투자수익은 기업의 이익 증가에 의해서 결정되며, 한편 채권 수익은 직접수익률(현행 수익률)에 의해 결정된다. 그 결과 채권과 주식의 투자수익률이 6%~8% 수준을 유지하게 된다.

물론 앞으로도 투자시장에 변동성은 존재할 것이다. 갑자기 연수익률이 15%까지 치솟았다가도 그 다음 해에는 0%가 되어 버릴지도 모른다. 단, 평균수익률은 과거 우리가 익숙하던 수준과는 전혀 다를 것이다. 우리는 너무 빨리 달려와 지쳐 버렸다! 우리는 지금 막

경제학 기초 실질GDP VS 명목GDP

> 국내총생산 즉, GDP 상승률에 관한 토론은 혼동하기 쉽다. 전에는 GNP라는 용어를 사용했는데 몇 년 전부터 의미가 분화되었다. GDP는 한 경제 내에서 일어나는 재화와 용역의 총 연간 생산량을 뜻한다. 생산량은 매년 변화하는데, 이 변화가 바로 GDP성장률로 나타난다.
>
> 그런데 GDP성장률은 2가지로 구분된다. 하나는 실질GDP 성장으로 재화와 용역의 증가에서 인플레이션을 제외한 것이다. 또 하나는 명목GDP 성장으로 인플레이션을 포함한다. 따라서 인플레이션이 존재하는 한 명목GDP는 항상 실질GDP보다 높다.
>
> 앞으로 이 책에서 두 가지가 모두 언급되므로 잘 구분하기 바란다.

역사상 최고의 강세장을 지나왔고 이제 축제는 끝났다. 일 년 투자 수익률이 20%이 넘어 집을 또 하나 장만하거나 아이들의 대학 등록금을 내려는 꿈에 부풀어 있었다면 잊어라. 내가 하려는 말에 무조건 화부터 내지 말고 이성적으로 생각하라. 그것이 바로 이 책의 목적이다.

그렇다고 너무 낙담할 필요는 없다. 과거 수준만 못할 뿐 미래의 투자 수익이 아주 형편없지는 않을 것이다. 마치 따뜻한 가을 들판에 옥수수가 익어가듯 앞으로도 삶은 풍요로울 것이다. 가재와 도마뱀이 나오고 매달려 놀기 좋은 덩굴이 있으며 떡갈나무 뿌리 밑 웅덩이에는 낚시하기 좋은 물고기도 있을 것이다. 단지 홍수 때 미시시피 강처럼 격렬한 조류가 일었던 지난 몇 십 년 같지는 않을 것이다. 이제 버틀러크릭에서 보낸 나의 어린 시절 같은 투자시장이 올 것이다. 투자수익률 6%의 시대다. 다음 장에서 나는 독자들에게 이 잔잔한 투자시장에 대해 가이드를 제공하려 한다. 자세한 설명과 쉬운 경제 용어로 왜 앞으로 5년간의 투자가 오하이오 미들타운에 있는 버틀러크릭을 닮았는지 설명하고 이 불확실한 미래를 어떻게 헤쳐 나갈지에 대한 통찰력을 제시하겠다. 자, 이제 시작해보자.

Chapter 2

노를 저어서

똑똑한 투자를 위한 장기적인 시각

• • •

내가 한창 복잡한 문제로 고민하고 있을 때 오랜 친구가 "두 가지만 기억하라"고 충고한 적이 있다. "첫째, 사소한 일로 너무 힘 빼지 마라. 둘째, 세상의 모든 일은 결국 사소한 일이다." 당시 나는 친구의 충고를 듣자마자 박장대소했고 걱정을 덜 수 있었다. 그 후로도 오랫동안 친구의 말이 생각나곤 했다. 달랑 두 문장으로 된 짧은 충고였지만 그 속에는 철학자나 라디오 토크쇼 진행자들도 혹할 만한 깊은 철학이 담겨 있었다. 만약 인생에서 겪는 모든 일들이 정말 별것 아닌 '사소한' 일들이라면 인생은 마치 오래된 유행가의 마지막 구절처럼 꿈결 같기만 할 것이다. 만약 그렇다면 꾸준히 부드럽게 노를 젓는 것이 인생의 작은 굴곡을 헤쳐 나가는 최선의 방법일 것이다. 하지만 내 친구의 충고와 달리 인생이 자주 일어나는 '작은 일'과 가끔 일어나는 '큰일'들로 이루어져 있다면, 때때로 큰일을 헤쳐 나가기 위해 노를 빨리 젓기도 하고 긴장도 해야 할 것이다. 이때 어떤 것이 큰일인지 판단하고 이에 직면했을 때 의사 결정하는 것이 관건인데, 인생의 의미와 결과를 중요하게 생각하는 사람이라면 그것이 쉬운 일은 아니다.

살다보면 힘을 뺄 필요도 없는 소소한 일들도 있고, 반대로 집중과 지속적인 주의를 요구하는 큰 사건도 있다. 물론 아무리 힘든 일이라도 시간이 지나면 별것 아닌 것으로 여겨질 수도 있다. 예를 들어, 17살 때라면 여자 친구와 헤어지는 일이 너무나 힘들겠지만 10년쯤 지나 결혼을 하고 가정을 꾸린 후 돌이켜보면 그저 한때의 열병이었을 뿐이다. 30대에 승진에서 미끄러졌다거나 새로 직장을 옮기려다 실패했다면 꽤나 상심하겠지만, 20년쯤 지나보면 오히려 잘된 일이었다는 생각이 들지도 모른다. 배우자의 외도는 결혼 생활을 벼랑 끝으로 몰기 마련이지만, 건강이 악화된다거나 60대가 되어 노부부로 함께 늙어가다 보면 그저 작은 해프닝 중 하나로 느껴질 수도 있다. 한때는 심각했던 일도 시간이 지나면서 별것 아니었던 것처럼 생각되기 마련이다. 그러고 보면 인생에서 정말 큰일은 없다는 내 친구의 말이 맞는지도 모르겠다.

하지만 어디 정말 그런가. 살면서 겪는 일련의 중요한 사건들을 시간이 지나면 아무렇지도 않게 된다고 치부해 버린다면 인생이 무슨 의미가 있겠는가? 위에서 내린 분석의 문제점은 이른바 '사건'을 인생의 큰일이라고 간주하는 것에서부터 시작된다. 물론 피할 수 없는 끔찍한 비극적인 사고들은 그 자체만으로도 인생의 '큰일'이다. 하지만 그밖에 우리가 겪는 '큰일'이란 대부분 사건과 그 때문인 감정, 생각, 행동이 짜여서 만들어 내는 정교한 옷감 같은 것이다. 우리에게 일어나는 사건 그 자체가 중요한 것이 아니라 그 사건에 대해 대응하는 태도가 더 중요하다. 성공이냐, 실패냐가 문제가 아니라 게임을 어떻게 풀어 나가는지가 문제다. 이 넓은 세상에서 자신의 존재가 얼마나 미약한지 깨닫고 다른 사람들에게 공정하고 친절하며 이기심을 최소화하는 태도를 갖고 있는가? 창조주를 원망하지 않고 미래에 얻게 될 다른 성공의 가능성을 기대하면서 지금 당면한 결과에는 순응하는가? 노를 저어 강을 지나 알 수 없는 해변에 도착했을 때, 적어도 지금까지 노를 저어온 방법에 대해 자부심을 느끼는가? 이런 것들이 바로 '큰일'이다. 다른 나머지에는 힘 뺄 가치도 없다.

| 장기적인 시각에서 투자하기

투자에서 가장 중요한 원칙 중 하나는 바로 '큰일'에 주목하라는 것이다. 작은 일에 집착하는 투자자는 손해를 보기 마련이다. 장기적인 안목을 가진 투자자는 전문가와 비교해서도 손색이 없는 성공을 거둘 수 있다. 내가 금융계에서 일을 시작한 것은 1971년이었지만 이 교훈을 얻은 것은 그보다 훨씬 전인 1966년이었다. 당시 나는 듀크 대학교를 막 졸업하고 해군 입대를 4개월 앞두고 있었는데, 라스베이거스로 가서 블랙잭 게임을 해보기로 했다. 사실 나는 대학에 다니는 내내 카드카운팅 기술에 대해서 궁리했다. 수업보다 블랙잭에 더 열을 올렸다고 해도 과언이 아니었는데, 게임의 법칙을 알고 있었기 때문에 확률을 나에게 유리한 쪽으로 바꿀 수 있었다. 그래서 블랙잭 게임을 하찮은 유흥거리가 아닌 직업으로 삼을 수도 있을 것 같았다.

라스베이거스에서는 일이 계획대로 잘 풀렸다. 하지만 몇 시간, 심지어 하루나 이틀 연속으로 게임이 잘 안 될 때도 있었는데, 이럴 때면 나는 크게 낙심했고 몇 시간이나 앉아서 무엇이 잘못되었을까 고심했다. 다시 게임 테이블로 돌아가기가 두렵기도 했다. 그러다가 확률이 유리할 때 장기적인 시각을 가져야 한다는 사실을 문득 깨달았다. 충분히 승산이 있는데도 잠깐 운이 따르지 않아 돈을 잃기도

하지만 결국 나중에 운이 좋을 때 손실을 상쇄할 수 있기 때문이다. 따라서 게임이 안 풀린다고 테이블을 박차고 나가기보다는 장기적인 안목을 가지고 계속 게임을 해야지만 돈을 딸 수 있었다.

그런데 장기 투자를 위해서는 먼저 어느 정도 장기적으로 투자할 것인지를 결정해야 한다. 일단 텔레비전 뉴스 화면에 나오는 전문 트레이더들처럼 양쪽 귀에 각각 다른 전화기를 붙들고 바쁘게 거래해야 할 필요는 전혀 없다(나도 TV에 나오는 트레이더들처럼 해보려 한 적이 있는데, 상대의 말을 전혀 이해할 수 없어 포기했다). 반대로 너무 오래 기다리는 것도 좋지 않다. 케인즈Keynes도 "오랜 시간이 흐르면 우리 모두는 죽는다!"라고 말하지 않았던가? 무작정 주야장천 기다리기만 할 수도 없는 노릇이다.

내가 말하는 장기 투자는 몇 초 단위로 주식이나 채권을 사고팔지 말라는 뜻이지만 그렇다고 언제까지나 기다려야 한다는 뜻도 아니다! 언젠가 과거에 뮤추얼펀드매니저였다는 사람이 TV에 출연해 앞으로 다우지수가 116,000포인트까지 상승할 거라고 말하는 것을 들은 적이 있다! 그것이 언제냐는 질문에 그는 "언젠가 되겠죠. 우리는 기다리기만 하면 됩니다!"라고 대답했다. 주식펀드매니저들은 주가는 반드시 오른다면서 모든 것을 투자하고 기다리는 것이 최상의 방법이라고 주장한다. 시장의 타이밍을 잡기가 불가능하기 때문에 미리부터 시장에 발을 담그고 거친 파도를 견뎌낸 뒤, 그 다음에 불어오는 순풍을 타면 돈을 벌 수 있다고 한다. 나는 이 생각에 절대 동의할 수 없다. 그러나 단 한 가지, 짧은 시간 동안 투자를 하면서 시장의 타이밍을 잡는 것이 불가능하다는 데만큼은 동의한다. 시도해 볼 생각도 별로 없을 정도다. 인간은 감정을, 그중에서도 특히 스스로의 감정을 통제하기 어렵기 때문이다. 약세장이 계속되는 상황에서 두려움을 버리고 두 발로 점프해 시장으로 들어가기는 쉽지 않다. 약세장이 막바지에 이르렀다는 합리적인 근거가 있다고 해도 별반 다르지 않다. 강세장인 경우에도 마찬가지다. 주가가 과도하게 높다는 생각이 들어도 더 벌 수 있을지 모른다는 욕심을 버리고 투자금을 회수하기는 쉽지 않다.

하지만 투자 포트폴리오 조정이 꼭 필요한 시기가 있다. 투자 포트폴리오 조정은 잘나가는 주식을 팔아버리고 무조건 보수적 대형 가치주를 사야 한다는 것이 아니라, 장기적인 시각에서 채권과 주식의 조합에 변화를 주거나 현금을 회수하거나 투자해야 한다는 의미다. 그렇다면 얼마나 장기적인 시각을 가져야 할까? 물론 한 달 이상이 될 수도 있고 일 년 이상이 될 수도 있다. 그렇다고 너무 먼 미래를 내다보아서도 안 된다. 나는 앞으로 3년~5년 지속될 이른바 '세속적' 경제 요소를 주시하면서 투자 포트폴리오를 구성하는 것이 최선이라고 생각한다. 여기서 '세속적인 요소'란 종교와는 전혀 상관없는 개념이다. 몇 년 전, 나는 강의를 하다가 우연히 '세속적인 요소'에 대해서 언급한 적이 있었다. 청중들이 그 말을 듣자마자 신과 금리가 무슨 관계냐고 질문했다. 나는 "글쎄요. 하지만 제가 여기에서 말하는 '세속적'이란 단어는 적어도 3년에서 5년 정도의 장기적이라는 의미입니다"라고 대답했다. 그보다 먼 미래에 대한 예측은 존 네이스비츠 John Naisbitt 같은 미래 학자에게 그리고 그보다 짧은 단기적인 정보는 양쪽 귀에 다른 전화기를 붙들고 정신없이 거래하는 전문 트레이더들에게 맡겨라.

 나는 3년~5년 정도를 내다보고 포트폴리오를 구성하는 것이 가장 적당하다고 생각한다. 그 이유는 향후 몇 년을 내다보는 투자 마인드를 가질 때 투자를 게임이 아닌 장기적인 문제로 인식할 수 있기 때문이다. 또 투자 결정을 왜곡하는 공포나 탐욕도 극복할 수 있다. 1920년대와 1930년대 초반까지 활동한 제시 리버모어 Jesse Livermore 는 내가 존경하는 투자 멘토로 사무실 책상 뒤쪽에 중절모를 쓴 제시 리버모어 사진이 걸려 있을 정도다. 그는 8번이나 백만장자가 되었으며 그만큼 파산도 많이 했다. 1932년 월스트리트의 한 화장실에서 권총 자살로 생을 마감한 투자계의 어니스트 헤밍웨이 Ernest Hemingway 로, 성격이 약간 괴팍해서 모든 사람들에게 사랑받을 만한 사람은 아니었다. 그러나 리버모어가 집필한 『어느 주식투자자의 회상』(월스트리트의 주식 투자 바이블)이라는 책에는 주옥 같은 글이 담겨 있어서 투자계의 고전이라고 부를 만하다. 그중에서도

"나는 다년간 투자하면서 큰돈을 벌 수 있는 기회는 주식이나 채권을 사고팔 때가 아니라 기다릴 때라는 교훈을 얻었다"라는 말이 가장 마음에 와 닿는다.

한동안 거래는 잊고 멀리 보이는 수평선을 바라보면서 노를 저어라. 나는 3년~5년 정도를 이상적인 수평선이라고 생각한다. 그 정도의 기간이라면 투자자가 매일 생겨나는 감정적인 변덕을 극복하고, 대신 시장을 움직이는 거시 경제적인 트렌드에 집중할 수 있기 때문이다.

현명한 투자자 세속적인 트렌드 VS 단기 트렌드

> 투자는 장거리 경주다. 그래서 투자자는 단거리 스프린터가 아닌 장거리 마라톤 주자가 되어야 한다. 마라토너는 스스로 페이스를 결정하고 계획을 세우며 자신의 신체적인 한계를 넘지 않는 범위 내에서 달린다. 투자자도 마찬가지다. 투자자 또한 장기적인 목표를 가지고 있기 때문에 세속적인 정보를 기반으로 결정을 내려야 한다. 여기서 세속적이란 시작에서 정점에 이르기까지 몇 년이 소요되는 트렌드를 뜻한다. 나는 3년~5년 정도를 선호하는데 이는 합리적인 예측이 가능한 시간이기 때문이다. 예를 들어, 투자자들은 신규주택착공과 같이 매월 발표되는 수치에 연연하기보다는 장기적으로 주택 수요를 결정짓는 인구 변화를 분석해야 한다. 그 외 세속적인 트렌드로는 재정정책, 금융정책, 무역수지균형, 통화 강세 혹은 약세, 국민들의 정치적 성향 변화 등이 포함된다.

| 반드시 주목해야 하는 세속적 경제 요소

그렇다면 세속적 경제 요소에는 어떤 것들이 포함될까? 앞으로 여러 가지를 소개하겠지만 그중에서 내가 가장 선호하는 것은 인구학으로, 변화 속도가 너무 느려 감지하기 힘든 인구상의 변화를 뜻한다. 예를 들어 출산율은 어느 정도이고 처음 집을 사는 연령은 언제이며 그 연령대에 어떤 변화가 있는지 등을 통해 정보를 얻을 수 있다. 약간 지루하면서도 신기하기도 한 인구학적 요인은 최첨단 컴퓨터 칩 개발이나 새로운 디즈니 영화 개봉 소식처럼 아침 신문 헤드라인을 장식하지는 않지만 미래의 채권 금리와 주식가격에 상당한 영향력을 발휘한다.

또 다른 세속적인 경제 요소로는 무역과 금융의 세계화가 있다. 1990년대 생산 거점을 임금이 저렴한 제3국 항구로 옮길 수 있게 되면서 인플레이션이 크게 감소했다. 북미자유무역협정이나 유럽연합이 내놓는 분석을 참조하면 자유무역의 미래 방향에 대한 정보를 얻을 수 있다.

채권트레이더의 영향력도 꼭 고려해야 하는 요소다. 나는 채권트레이더들을 '자본시장의 자경단원'이라고 부르곤 하는데, 이들은 지난 몇 년간 주식과 채권시장 가치를 크게 변화시켰다. 심지어 빌 클린턴Bill Clinton 대통령의 1992년 선거 캠페인 전략가였던 제임스

카빌James Carville은 다시 태어난다면 채권트레이더가 되고 싶다고 말할 정도였다(정확하게는 다시 태어난다면 '채권시장'이 되고 싶다고 말했다. 하지만 너무 추상적인 바람이고, 아마 채권트레이더로 환생하고 싶다는 말 정도로 해석할 수 있을 것 같다).

또 통화정책, 금융 트렌드(적자 규모 등), 달러화의 잠재적인 상승 및 하락 등도 세속적인 경제 요소에 포함된다. 만약 이 모든 요소들을 고려했을 때 경제에 새로운 활력소가 필요하다는 생각이 든다면 거의 맞을 것이다. 나는 훌륭한 기관투자자가 되기 위해서 3분의 1은 수학자, 3분의 1은 흥정꾼 그리고 나머지 3분의 1은 경제학자가 되어야 한다고 늘 말해 왔다. 개인투자자라면 이 정도까지일 필요는 없지만, 다양하고 세속적인 경제 요소들을 제대로 이해하고 있다면 투자에 크게 도움이 된다.

〈그림 2-1〉을 보고 세속적인 정보를 활용하는 방법에 대해 알아보자. 〈그림 2-1〉은 약 200년간의 생필품 가격 변동을 나타낸 그래프로, 나는 무엇보다 정보가 수집된 기간이 굉장히 길어 놀랐다. 기껏해야 올해 미 중서부에 비가 많이 왔는지나 알 수 있는 일일 CRB 지수 따위와는 비교도 안 된다. 이 그래프에는 지난 200년간 일어난 세계경제의 불황과 회복, 급격한 경제 호황과 공황, 인플레이션과 디플레이션 등이 모두 포함되어 있다. 그래프를 보면 2차 세계대전 동안 생필품 가격이 급상승했음을 알 수 있는데, 이는 당시에 어떤

(자료 제공 : 워싱턴 DC 미국 센서스국의 미국 역사 통계, 1975년)

변화가 있었음을 암시한다. 이것이 루스벨트Franklin D. Roosevelt 대통령이 사회 및 경제적으로 뉴딜 정책을 실시했기 때문인지, 미국 연방준비위원회가 경제 불황을 해결하기 위한 정책을 실시했기 때문인지, 혹은 단순히 전쟁 때문인지 정확한 원인은 알 수 없다. 다만 중요한 것은 이처럼 장기간에 걸친 차트를 참고해서 시장에 영향을 주는 장기적이면서 세속적인 요소들을 고려해야 한다는 점이다. 그래야만 제시 리버모어가 말한 것처럼 '기다리면서' 돈을 벌 수 있다.

하지만 세속적인 경제에 관한 공부는 당장 시작해야 한다. 지금 당장 《이코노미스트The Economist》잡지 같은 세속적인 정기간행물을 구독하라. 이코노미스트는 영국에서 발행된 저명한 경제 및 시사 잡지로, 워낙 문장이 좋아서 읽기도 좋다. 또 경제적인 사건 중심의 역사책들도 좋다. 꽤 괜찮은 책들이 몇 권 있는데, 그중 내가 가장 좋아하는 책들을 참고 목록에 소개해 놓았다. 그 외 브리지워터 어소시에이션Bridgewater Association의 레이 달리오Ray Dalio나 ISI그룹의 에드 하이만Ed Hyman이 제공하는 서비스를 한두 개 정도 신청하는 것도 좋다. 여기에는 장기적인 차트나 갖가지 경제 통계에 관한 논평이 실려 있다. 투자의 세계에서 성공하기 위해서는 여러 가지 노력을 해야 한다. 자신의 독서 습관이나 성향 따위는 접어두고, 단기적인 변화에 연연하는 것도 그만둬라. 대신 앞으로 3년~5년을 주시해 보자. 그리 긴 시간은 아니지만 돈을 벌기에는 충분한 시간이다. 사소한 일에 고민하지 말고 큰 사건에 집중하자. 그리고 장기적이고 세속적인 시각을 가지고 노를 저어 가자.

BILL GROSS ON INVESTING

Part 2

경제적인 조건

● 채권트레이더들은 원칙적으로 고수익, 저위험을 추구한다. 물론 불가능한 꿈이지만, 가능한 한 수익을 극대화하고 동시에 위험을 극소화하려 노력한다. 이를 위해서는 다음과 같은 조건의 국가에 투자하는 것이 좋다. 첫째, 실질 GDP를 성장시키기 위한 경제정책. 둘째, 안정적인 정치적 환경. 셋째, 건전하고 규율을 준수하는 중앙은행. 넷째, 경쟁력이 있고 눈에 보이지 않는 잠재적인 위험이 없는 통화. 다섯 째, 낮은 부채 수준. 여섯 째, 자산에 대한 개인적인 권리를 보호하는 법적 제도이다.

Chapter 3
눈으로 이해하자
좋은 경제 사이클과 나쁜 경제 사이클에 대해서

• • •

"부자가 천국의 문으로 들어가는 것은
낙타가 바늘구멍에 들어가는 것보다 힘들다."

어느 날, 나는 내 영혼과 세금에 관해 대화를 나누었다. 내게 영적 능력이 있다거나 내야 할 세금이 너무 많아 회계사 유령이라도 붙잡고 조언을 구해야 했던 것은 아니다. 다만, 4월 9일이었고(미국의 소득세 신고 마감일이 4월 15일임) 나는 인류 역사상 가장 복잡한 소득 신고를 마친 직후였다(인류 전체라고 하면 솔직히 너무 과장이고, 실은 나와 아내가 소득 신고 때문에 골머리를 앓고 있었다. 물론 아내 또한 나와 똑같이 책임을 분담했다). 나는 "하나님 맙소사!"라고 중얼거렸는데, 갑자기 엉클 샘Uncle Sam(미국을 의인화한 상징으로 미국 국기를 상징하는 복장을 하고 있다) 같은 옷을 입은 유령이 나타났던 것이다.

내가 하나님이라는 감탄사를 내뱉은 이유는 1040 세금 보고서(미국의 소득 신고)를 작성하다가 전체 소득의 반 정도가 다른 사람들을 위해 사용되고 있다는 사실을 깨달았기 때문이다. 물론 국방비 명목으로 가져가는 돈도 있고 일부는 세금 징수원 월급으로 사용되기도 한다. 하지만 상당 부분은 사회보장기금, 메디케어(미국의 공공 의료보장제도), 정부 연금, 복지 기금, 푸드 스탬프(미국 빈민층을 위한 식품보조권) 등의 명목으로 계좌에서 빠져나갔다. 나는 결국 "알았어, 알았다고, 내야지 별 수 있나"라고 중얼거렸다. 1990년대 보수주의자였던 내가 진보주의자들의 논리에 완전히 지쳐버린 순간이었다. 나는 "어쩔 수 없이 내야 한다면 적어도 생색은 좀 내고 싶은데"라고 생각했고 그 순간 엉클 샘 유령이 나타났다. 당시에는 신이 아닐까 생각했는데 지금 돌이켜보니 희미한 내 양심이 만들어낸 흐릿한 영상이 아니었나 싶다.

나는 "보세요, 당신이 하나님인지 엉클 샘인지 잘 모르겠지만 말이죠. 제가 소득의 반 정도를 가난한 사람들에게 주는데, 죽으면 천국에 갈 확률도 좀 높아져야 하는 것 아닌가요?"라고 물었다.

그는 "아마도. 하지만 자네 스스로 돈을 내놓은 게 아니지 않나? 신께서 낙타와 바늘구멍 이야기를 하셨을 때는 억지로 낸 세금으로 가난한 사람을 도우라고는 말씀하지 않으셨거든. 나누어 주는 즐거움과 희생의 정신을 말씀하신 거지"라고 대답했다.

"좀 헷갈리는군요. 그렇다면 제가 록펠러John D. Rockefeller처럼 소득세 없는 시대에 살면서 소득의 반을 가난한 사람에게 주었다면 지금보다 천국에 갈 가능성이 더 높아졌다는 말인가요? 돈을 똑같이 기부했는데 자발적인 태도가 아니어서 안 된다는 건가요? 이봐요. 샘, 그렇다면 왜 일을 하겠습니까? 아침마다 출근 카드에 도장은 왜 찍나요? 소득의 반이 그냥 사라져 버리는데, 내 손으로 출근 카드에 도장을 찍을 이유가 없지 않나요?"라고 나는 응수했다.

그러지 않아도 흐릿하던 샘의 모습은 더욱 희미해졌다. 아마도 나의 논리적인 대꾸에 짜증이 났을 것이다. 불현듯 샘이 사라져버리고 딜로이트 투쉬Deloitte & Touche(미국의 유명한 회계 회사) 회계사에게 나 푸념을 늘어놓아야 할지 모른다는 두려움에 나는 거의 소리 지르듯이 말했다. "좋아요! 내가 일해서 얻은 돈의 반은 내가 갖고 반은 사라진다고 칩시다. 사라지는 반도 생산적으로 사용되니까 좋다고요. 일종의 비료 같은 거죠. 그렇다고 치자고요. 그런데 언제쯤이면 당신은 만족할 건가요?"

"자네가 가진 모든 것을 나누어 주어야 하네." 그는 스폰서의 돈이라면 꼭 쥐고 놓지 않는 몬티홀Monty Hall(미국 방송인)의 분신같이 보였다. 나는 갑자기 낙타니 바늘구멍이니 하는 이야기가 성경 시대에나 맞는 말이지 지금 현시대에는 맞지 않는다는 사실을 깨닫고 쏘아붙였다. "내가 가진 것을 다 내어준다면 투자도 못 할 테고, 그러다보면 시장의 자본도 줄어들 것이고 결국 일자리도 줄어들 텐데요. 옥수수를 다 먹어 치우기보다는 종자를 남겨 다음 해 농사를 위한 씨앗으로 쓰듯이 제게도 돈을 좀 남겨 놓아야 하지 않을까요?"

날은 어두워졌고 우리 둘은 모두 지쳐가고 있었다. 샘은 "나도 신을 만나본 적은 없네. 그러니 신께서 자본주의 시대를 살아오시면서 기부와 세금에 대해 생각을 달리하게 되셨는지 어떤지는 모르겠네. 그렇다면 이렇게 하세. 자네는 세금을 내고 자신이 기부해야 한다고 생각하는 액수보다 더 많이 기부하게. 그리고 한편으로는 신께서 20세기 경제학자처럼 생각하기를 빌게나. 하지만 신께서 아직 낙타나 타고 다니신다면 자네는 바늘구멍이 엄청 큰 바늘을 구해야만 천국에 들어갈 수 있을 걸세"라고 말했다.

빚의 늪(대출자의 감옥)

그렇게 해서 나는 바늘구멍이 어마어마하게 큰 바늘을 찾았다. 어쨌든 지금부터는 세금을 매길 수 없는 부채에 대해 이야기하겠다. 현재 미국인이 내는 전체 세금 중 10% 이상이 미국의 국가 채무에 대한 이자 비용으로 사용된다. 우리 모두 부채의 중독성을 알고 있다. 처음에 빚을 지면 마치 술을 몇 잔 들이켠 것처럼 기분이 좋다.

신용카드만 있으면 어떤 물건이든 살 수 있지 않은가! 하지만 카드 값을 내야 하는 날이 다가올수록 조금씩 우울해진다. 그리고 잠을 설칠 정도로 빚이 불어나 아르바이트라도 해야 카드 값을 갚을 수 있을 정도가 되면 정신이 번쩍 든다.

미국은 그 어떤 나라보다 빚에 허덕이는 사람들이 많다. 이제 빚은 미국인들의 눈높이까지 불어났다. 개인뿐만이 아니라 연방 및 지방 정부도 마찬가지다. 기업이 지출과 대출을 줄이고 있지만 아직도 많은 사람들이 과도한 부채를 가지고 있다. 마치 많이 먹기만 하고 운동은 하지 않아 허리에 지방이 낀 것 같은 모습과 같다. 〈그림 3-1〉은 늘어나는 부채 때문에 슬픈 미국의 역사를 보여 준다.

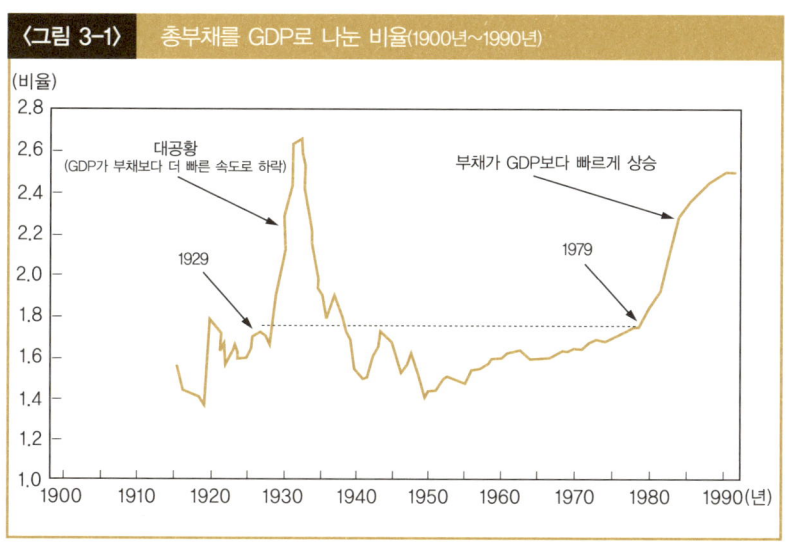

(자료 제공 : 브리지워터어 소시에이트)

그런데 과도한 부채는 미국만의 문제가 아니다. 지난 수십 년간 세계 여러 국가들은 정신없이 돈을 빌려댔다. 〈그림 3-2〉는 1970년대 이후 OECD국가의 채무 증가 상황을 보여 준다. 1970년대와 1980년대 유럽 국가들은 복지 제도를 크게 확대했다. 비용이 어마어마하게 늘어났지만 복지 제도는 후퇴할 줄 몰랐다. 자본주의 자경단원들(4장 참조)의 힘이 커진 최근에서야 유럽 국가들의 복지 서비스가 어느 정도 축소되거나 제한되기 시작했다.

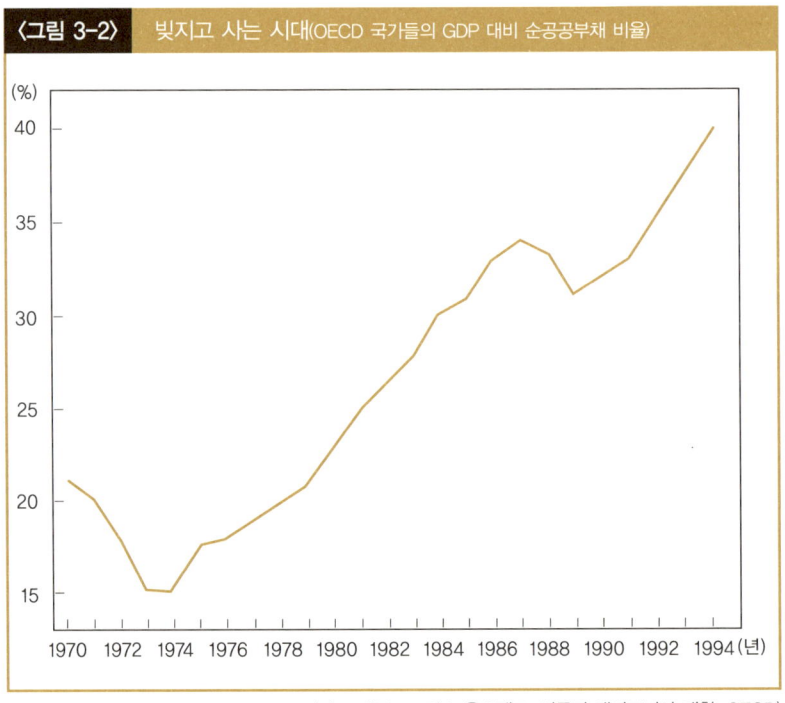

〈그림 3-2〉 빚지고 사는 시대(OECD 국가들의 GDP 대비 순공공부채 비율)

(자료 제공 : 모리스 옵스펠드, 버클리 캘리포니아 대학, OECD)

일본에서 국가 채무가 급증한 이유는 미국이나 유럽 국가와는 다르다. 일본에서는 기업과 개인이 돈을 빌려 부동산 및 주식시장에 투자하기 시작하면서 부채가 증가했다. 선진국들은 이렇게 각자 다른 이유로 돈을 흥청망청 써댔고, 이들의 허리둘레는 엄청나게 늘어났다. 미국의 유명한 다이어트 전문가, 리처드 시몬스Richard Simmons의 손이라도 빌려야 할 판이다.

경제학 기초 총부채

> 세상에는 많은 사람들이 빚을 지고 있다. 그중 최고를 꼽자면 단연 미국 정부다. 미국을 하나의 개체로 간주하면 말이다. 그 외 지방채를 발행하는 지방정부, 채권시장이나 은행을 통해 돈을 빌리는 기업, 신용카드를 사용하고 주택담보대출을 받는 개인 대출자가 있다.
> 이 모든 부채를 합하면 미국의 총부채가 된다. 당연히 부채에는 자본, 기업의 순자산, 주식의 가치 등은 포함되지 않는다.

부채가 증가할 때 경제는 빠르게 성장한다. 이 때문에 부채가 중요하다. 부채 증가가 제한적일 때 버틀러크릭 같은 완만한 성장이 이루어질 가능성이 높아진다. 미국의 채무가 이처럼 과도한 이유 중 하나는 인구 변화 때문이다. 먼저, 20대가 결혼을 하고 가정을 꾸리면서 집을 장만하기 위해 대부분 주택담보대출을 받았다. 그러나 최근 미국에서 주택담보대출이 줄어들기 시작했다(여기에 대해서는 5장에서 상세하게 설명하겠다). 또 미국 정부도 한 몫을 담당했다. 과거 미국 정부는 신호만 떨어지면 돈을 빌리곤 했다. 하지만 최근 세계 자본시장이 지난 몇십 년과는 다르게 엄격한 규율을 따르기 시작하면서 미국 정부에 더 이상 초록불이 아닌 노란불 신호를 보내고 있다. 따라서 미국 정부도 전과는 달라졌다. 소비자들은 임금 인상이 정체되어 매월 대출금을 갚는 것이 힘에 부치자 돈을 더 빌리지 않고 있다. 이처럼 대출 증가가 완만해지고 있기 때문에 앞으로 국가 및 세계경제성장 또한 둔화될 것으로 예측된다.

선순환과 악순환

왜 이런 현상이 벌어지고 있는지 시각적으로 이해하기 위해서는 먼저 선순환과 악순환에 대해서 알아야 한다. 선순환은 하나의 선행이 곧 다른 선행으로 이어진다는 성서의 선한 사마리아인 이야기와 사뭇 비슷하다. 기본적으로 선순환은 긍정적인 추진력이나 경제적 충격에서 시작된다. 1970년대 중반을 예로 들어보자. 당시는 베이비붐 세대가 20대 후반이 되면서 생애 처음으로 집을 사기 시작했던 시점이다. 덕분에 신규 주택 건축이 늘었고 목재, 시멘트, 단열재 등의 수요가 증가했다. 또한 여기에 필요한 건축자재를 더 많이 생산하기 위해 노동력도 필요했다. 이는 다시 근로자의 임금 및 기업 이윤 상승으로 이어졌고, 결과적으로 선순환이 시작되었다. 더 많은 임금을 받게 된 건설 근로자들이 차를 구매하기 시작했고, 이는 자동차 생산 증가로 이어져 미국의 포드, GM, 도요타 등 자동차 제조 기업은 고용을 늘렸다. 덕분에 기업 이익이 상승하자 자동차 제조 기업들은 공장 및 설비투자를 늘렸고 결국 신시내티Cincinnati에 있는 기계 공장들의 가동률도 높아졌다. 이것은 다른 분야로 그리고 또 다른 분야로 이어져 갔다. 이처럼 한 분야에서의 긍정적인 변화가 다른 분야로 이어지면서 선순환 성장이 이루어진다〈그림 3-3〉 참조).

고용과 투자가 늘어나면 소비자, 기업 심지어 정부까지도 돈을

〈그림 3-3〉 성장의 선순환

빌리는 데 주저하지 않는다. 매년 연봉이 오르는 정규직 근로자들은 더 나은 삶을 누리기 위해 좀 무리다 싶을 정도로 대출을 늘리기도 한다. 주가가 고공 행진을 기록하고 기업 CEO들은 경영에 자신감이 붙어 거리낌 없이 돈을 빌려댄다. 정부도 마찬가지다. 국민들이 계속되는 경제적 번영 덕분에 쌓여 가는 공공 부채에는 관대한 태도를 취하므로 정부도 돈을 빌려 일을 벌인다. 개인, 기업, 정부가 빌리는 돈의 힘으로 선순환이 더욱 가속화되고, 결국 경제 팽창으로 이어진다. 덕분에 완전고용이 실현되고 경제의 가동률이 높아지면서 인플레이션이 유발된다.

하지만 선순환이 채권시장에서는 그리 긍정적인 효과를 미치지 못하는데, 그 이유는 바로 인플레이션 때문이다. 채권 투자자들은 마치 투자시장의 흡혈귀와 같다. 이들은 부패, 경제 불황 등으로 인플레이션을 끌어내리고 자신들의 채권 가치를 보호할 수 있는 조건을 사랑한다. 채권 투자자들에게 대출로 무장한 강한 경제는 밝은 햇빛이다. 채권 투자자들은 관 속으로 들어가 다음 밤을 기약해야 한다. 인플레이션이 발생하면, 사람들은 빚을 갚아버리는데 이때 지불하는 돈은 인플레이션 때문에 가치가 떨어진 상태다. 즉 채권의 가치가 하락한다.

따라서 채권시장의 흡혈귀들은 악순환을 기다린다. 악순환은 선순환이 거울에 비춰진 것처럼 똑같이 닮았으면서도 정반대다. 선순환과 악순환은 마치 낮과 밤처럼 다르다. 악순환은 대부분 인구학적 혹은 정책상의 변화가 경제의 선순환과 반대 방향으로 움직일 때 시작된다. 간혹 선순환이 한계에 도달해 악순환으로 바뀌기도 한다. 예를 들어, 부채 수준이 너무 높아져서 은행 등의 여신 기관이 더 이상 돈을 빌려주기 꺼린다면 경제 사이클이 최고점에 도달한 것으로 곧 하강한다. 주택의 순자산(주택의 시장가치에서 담보대출을 차감한 가치)이 하락하고 금융기관이 대출을 거부하면, 더 풍족한 삶을 영위하기 위해 두세 번씩 담보대출을 받았던 주택 소유자들도 대출 창구가 닫혀 버렸다는 사실을 깨닫는다. 연방 및 주정부는 빚에 허덕이고 유권자와 채권시장 자경단원들의 눈을 의식해 예산 수지 균형을 맞추거나 적어도 맞추는 척이라도 한다. 인구학적 원인 때문이건 정책상의 변화 때문이건 간에 소비가 줄기 시작하고 부채가 쌓이는 속도가 더뎌지면 악순환이 시작된다. 자본 지출이 줄면 기업은 근로자를 해고하기 시작하고 경제의 힘도 점차 혹은 갑자기 약화된다. 성장이 둔화되면서 인플레이션이 감소하고 채권 가격이 상승하기 때문에 채권시장의 흡혈귀들은 다시 활동을 재개한다.

| 앞으로의 경제 사이클

이 장의 첫 부분에서 부채가 중독성이 강하며 경제에 숙취와 비슷한 영향을 남긴다고 설명했다. 그렇다면 현재 우리의 위치는 어디쯤일까? 아찔한 선순환의 어디쯤에 있는 걸까? 아니면 악순환이 시작되어 여차하면 아스피린이라도 먹을 준비를 해야 하는 걸까? 경제 사이클 속에서 스스로의 위치를 파악하기는 결코 쉽지 않다. 게다가 단기적인 비즈니스 사이클 측면이 아닌 장기적이고 세속적인 시각에서 경제 트렌드를 파악하기는 더욱 어렵다. 특히 단기 비즈니스 사이클이 장기적인 경제 트렌드와 반대 방향으로 움직일 때는 세속적인 경제성장 혹은 둔화 신호가 잘 드러나지 않는다. 이런 표면적인 '잡음'을 거르기 위해서는 장기적인 상황을 조심스럽게 예의 주시해야 한다. 하지만 지금 경제가 우리에게 보내는 신호는 명확하다. 현재 부채는 대공황 때의 수준에 육박한다. 기업들은 소비자의 구매력이 감소하고 있는 세계시장에서 낙오되지 않기 위해 지난 몇 년 간 직원들을 해고해 왔다. 인구 변화도 부정적인 방향으로 작용하고 있어서, 소비가 줄고 반대로 저축이 늘어 생활이 검소해지고 있다. 전체 인구에서 20대가 차지하는 비중이 줄고, 따라서 주택을 구매하는 비율도 감소하고 있다. 또한 기업은 재무제표의 건전성 제고를 위해 부채를 줄이고 있다. 이 모든 것들이 앞으로 시작될 악순

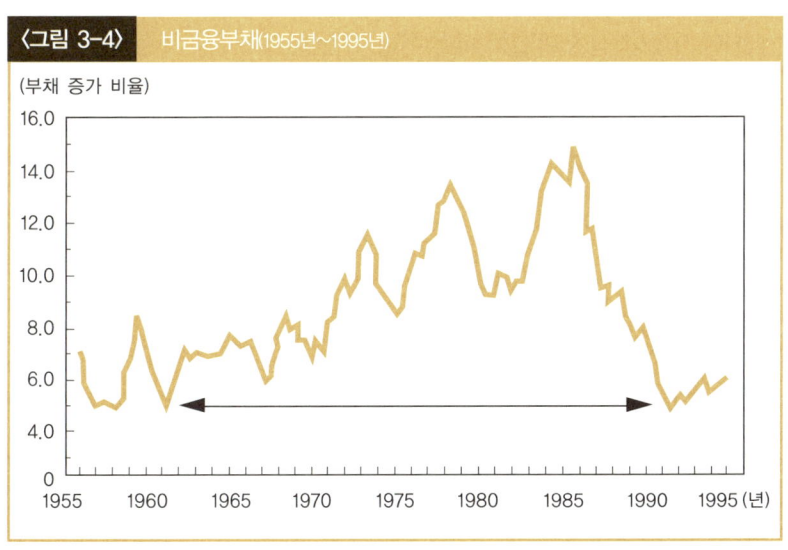

(자료 제공 : 아이에스아이)

환의 전조다. 다만 현재의 통화정책과 중앙은행 덕분에 경제의 악순환은 과거보다 미미한 수준에 그칠 것이다.

〈그림 3-1〉과 마찬가지로 〈그림 3-4〉는 총부채에 관한 그래프다. 〈그림 3-1〉이 GDP 대비 부채비율을 나타냈던 데 비해 〈그림 3-4〉는 부채 증가 비율을 나타낸 것이다. 정보 수집 기간이 훨씬 짧지만 부채 증가 속도가 더뎌지고 있다는 사실만은 명확하게 드러낸다. 1990년대 이전 미국의 부채 증가 비율은 10%~15%가 일반적이었던 데 반해 1990년대 이후의 경제 회복기 동안에는 6%에 그치고 있다. 부채 증가 속도가 느려진 이유는 두 가지인데, 첫째는 과거 부채비율이 너무 높았었기 때문이고 둘째는 이미 5년~10년 전부터 경

미한 악순환이 시작되었기 때문이다.

    이 모두가 버틀러크릭 시나리오를 뒷받침한다. 지금부터는 인플레이션은 감소하고 경제성장은 둔화될 것이다. 따라서 주식시장보다는 채권시장에서 투자 기회가 더 많을 것이다. 현재 과도한 부채 수준은 지금까지 두 자리대 성장률을 기록하던 주식시장에 작별을 고해야 한다는 뜻이다. 채권과 주식 투자자 모두 투자수익률 20%가 아닌 6%에 만족했던 1950년대와 비슷한 버틀러크릭 시대가 온 것이다.

Chapter 4

부활절 그랩페스트 축제

시장의 자경단원과 투자 사냥

· · ·

부활절 달걀사냥 이벤트로 더 잘 알려진 그랩페스트 축제가 지금 막 끝났다. 그런데 슬프지만 예상했던 소식이 있다. 올해도 우리는 황금달걀을 찾지 못했다는 것이다. "우리는 찾지 못했다"라고 말하면서 나는 일종의 책임감과 부끄러움을 느낀다. 사실 나는 꼬마였을 때부터 부활절 달걀사냥 이벤트에 참가했지만 황금달걀을 찾은 적은 한 번도 없다. 그러니 내 아이들이라도 찾아야 할 것 아닌가? 부활절 달걀사냥은 꽤나 재미있는데 비책은 달걀을 숨길 만한 장소를 미리 알아놓는 것이다. 부활절 달걀이야 누구나 하나는 받을 만큼 흔하지만 황금달걀은 특별하니까 그 정도 수고가 대수겠는가.

첫째 아이와 둘째 아이를 키우면서 15년간 쌓아온 노하우가 있다면, 부활절 아침 일찍 달걀사냥 이벤트가 열릴 공원이나 골프장을 산책하는 척하면서 달걀을 숨길 만한 장소를 미리 염탐하는 것이다. 아침을 즐기는 척해도 좋고, 새를 보는 척해도 좋다. 이른 봄을 만끽하는 척해도 좋다. 아내와 함께 손을 잡고 산책하면서 혹은 서로 사진이라도 찍어 주면서 달걀을 숨길 만한 곳을 미리 보아두는 것이다. 작년에는 웬 콧물범벅인 꼬마 여자아이가 우승했다. 꼬마 아이는 거들먹거리는 아이 부모와 함께 커다란 떡갈나무 둥치 앞에 누가 봐도 이상하게 놓인 돌멩이 틈에서 황금알을 찾았다. 올해는 전혀 다른 장소에 황금달걀을 숨길 것이다. 출발점에서 너무 가까운 곳일 리는 없다. 그런 곳에 달걀을 숨겼다가는 대여섯 살짜리 꼬마들이 사파리에 들어갈 때처럼 우르르 몰려서 출발하느라 실수로 달걀을 밟을지도 모르기 때문이다. 그럴 리 없다. 아마 키 큰 풀을 지나서 꽃밭 속에 황금달걀이 숨겨져 있을 지도 모르겠다. 아이들이 다른 곳을 다 찾아보고 지쳐서 꽃밭을 발로 헤쳐 보다가 황금달걀을 깨뜨릴지도 모른다. 막내아들 닉과 내가 모르고 달걀을 밟아버릴지도 모른다.

좋다. 무엇보다 먼저 우리 아들을 출발선 맨 앞에 세워야 한다. 부동산 시장에서 흔히 말하듯 가장 중요한 것은 자리 선점이다. 황금달걀을 찾을 때에도 마찬가지다. 출발할 때부터 뒤쳐진다면 승산이 없다. 빵! 출발을 알리는 총소리가 들렸다. 닉, 초콜릿 달걀이나 커다란 젤리 콩 따위는 잊어버리렴. 아빠가 나중에 사줄게. 우리가 찾고 있는 황금달걀이 나중에 부활절 토끼로 변할지도 모른단다. 세상에, 다른 부모들 좀 봐. 길 좀 막지 말라고. 아이들이 달걀을 스스로 찾게 놔두어야 하는 것 아닌가? 저기 기분 나쁜 밥 존슨이 보이는군. 내가 점찍어 놓은 꽃밭을 쳐다보고 있잖아? 마치 자연에 심취한 척하는군. 저리 가라고. 내가 먼저 점찍은 장소야. 게다가 풀을 다 짓이겨 놓고 있잖아.

누군가가 은달걀을 찾았다고? 이런, 매년 경쟁이 치열해지잖아. 작년보다 참가자들이 두 배는 늘어난 것 같아. 닉, 이제는 육탄전이야. 초콜릿 달걀 따위는 좀 잊으라니까. 옷이라도 버리면 어쩌려고 그러니? 아, 밥! 자네도 좋은 부활절 보내라고. 아이가 정말 귀엽군. 뭐라고? 누군가가 황금달걀을 찾았다고? 다리 아래에서? 이런, 작년에 우승한 그 못된 꼬마 여자아이라니. 아이 부모가 연줄이 있는 게 틀림없어. 믿을 수 없어! 아이를 망치는 전형적인 부모군! 닉, 엄마를 찾아서 이제 그만 집에 가자. 징징거리지 좀 마라. 존슨이 보기에 얼마나 아기 같겠니? 선의의 경쟁이 어떤 것인지 좀 배워야겠구나.

| 은달걀!

현실에 각종 황금달걀이 있는 것처럼 지난 15년간 금융시장에서 많은 황금달걀이 발견되었다. 만약 평균적인 채권과 주식에 투자했다면 은달걀을 찾은 정도고, 마이크로소프트나 인텔 등에 투자했다면 황금달걀을 찾은 것이다. 지금도 수십만 명의 사냥꾼들이 달걀을 찾고 있다. 이들의 수는 너무나 많아서 '자경단원'이라는 명칭까지 붙었다. 나는 이들을 '자본시장의 자경단원'이라고 부르는데, 여기에는 채권, 주식, 통화(돈)에 대한 투자자가 모두 포함된다. 이들은 대부분 기관투자자와 뮤추얼펀드매니저들로 1990년대 갑자기 맹위를 떨치기 시작했다. 그 이유는 그들이 막대한 돈을 좌우할 수 있게 되었기 때문이기도 했지만, 민족국가의 개념과 애국심이 사라졌기 때문이기도 했다.

자본시장의 자경단원들은 높은 수익과 낮은 리스크를 쫓으며 수십억 달러를 하나의 투자 대상·국가에서 다른 투자 대상·국가로 옮기곤 한다. 이들은 애국심 따위는 잊었다. 이들의 결정 때문에 시장의 변동성은 커졌지만 정부와 중앙은행은 엄격한 규칙을 준수하고 건전한 금융 활동을 하도록 요구받았다. 스스로의 시각에서 건전한 경제 및 입법 정책을 요구하는 자본시장의 자경단원들은 버틀러크릭 시대에 필수불가결한 요소다. 이들이 없다면 인플레이션이 유발될 가능성이 커지고 주식과 채권 가격은 눈 깜짝할 사이에 하락할 것이다.

그런데 처음부터 그렇지는 않았다. 자본시장의 자경단원들은 무역 환경이 세계화되고 그에 따라 민족국가가 와해되면서 생겨났다. 1960년대, 1970년대, 심지어 1980년대까지도 국가 간 혹은 대륙 간으로 돈을 송금하기란 무척 어려운 일이었다. 뮤추얼펀드는 막 걸음마를 뗀 정도였고 많은 돈을 빠르게 송금하는 기술도 존재하지 않았다. 또한 관세, 세금, 수수료 등 다양한 장애물이 있었다. 무엇보다 가장 중요한 것은 미국의 유명한 애국적인 노래 〈이 나라는 그대의 것My Country, 'tis of thee〉의 가사에도 드러나는 '국가'의 개념이었다. 당시 투자자들은 해외투자를 심각하게 고려하지 않았다. 미국인들은 포드 자동차를 구매하고 도요타 자동차는 거들떠보지도 않았다. 이것은 국가에 대한 충성심과 자긍심이 달린 문제였다. 미국이 최고며 자국 내에서 일자리를 창출해야 한다는 생각으로, 미국인들은 자국에서 만들어진 제품만 구매했다. 그런데 점차 사람들의 생각이 바뀌기 시작했다. 캘리포니아 사람들이 먼저 도요타 자동차를 사기 시작하더니, 도요타 자동차가 경제적이면서도 품질이 좋다는 소문이 퍼지면서 미국의 국민들과 투자자들은 다양한 해외 상품에 관심을 갖기 시작했다. 또한 해외 주식과 채권에 대한 관심도 높아졌다.

케네디 대통령John F. Kennedy 시대를 돌이켜보면 변화를 확실하게 느낄 수 있다. 나는 개인적으로 케네디 대통령의 팬은 아니지만

경제학 기초 세계 자본시장

> 세계 자본시장은 마차와 배가 발명되어 사람들의 이동이 자유로워졌을 때부터 존재했다. 몇 세기 전 '중상주의'라고 알려진 가장 기본적인 형태의 자본시장에서는 금이 기본이었지만 요즘 투자자들은 금뿐만 아니라 주식, 채권, 부동산 등 모든 자산을 거의 모든 국가에 축적하고 있다.
>
> 요즘은 국내 브로커에게 전화 한 통화만 걸면 해외투자도 할 수 있는 세상이다. 겉으로 보기에는 간단해 보이지만 그 이면에는 여러 국가들 사이에서 거미줄처럼 복잡하게 얽힌 사전 합의가 이루어져 있기 때문에 가능한 일이다. 일부 국가에서는 외국에서 벌어들인 배당금과 이자 소득에 대해서 세금을 부과하기도 하고, 또 특정 국가로 돈을 이동한 후에는 일정 기간 이내에는 다른 곳으로 돈을 송금하지 못하게 하는 경우도 있다. 하지만 점차 규제가 완화되고 있으며 컴퓨터 기술이 나날이 발전해 자본이 세계 이곳저곳을 빛처럼 빠르게 옮겨 다닐 수 있게 되었다. 위성으로 TV프로그램을 각 가정에 빠르게 보낼 수 있게 된 것처럼 말이다.

그의 패기와 표현력만큼은 부정하지 않는다. 케네디 대통령이 취임식에서 했던 "국가가 여러분에게 무엇을 해 주기를 바라지 말고 여러분이 국가를 위해 무엇을 할 것인가를 생각하십시오"라는 말은 미국 역사상 가장 고무적인 연설 중 하나로 기억된다. 이 두 문장은 케네디 대통령 임기의 특성을 잘 나타낼 뿐 아니라, 약 10년 후 베트남

반전운동과 히피족이 크게 유행하면서 애국심보다는 쾌락이 더 중요시되기 전까지의 사회 분위기를 주도했다. 베이비붐 세대라면 케네디 대통령 특유의 보스턴 억양과 1961년 1월 아침의 취임 연설을 절대 잊을 수 없을 것이다. 이에 대해 의구심을 갖는 것은 당시에도 이단에 가까웠지만 지금도 크게 달라지지 않았다. 다만 그때는 "여러분이 조국을 위해 무엇을 할 것인가?"라는 말의 의미가 자원 입대하거나 평화봉사단에 가입하라는 의미였는데, 요즘에는 우리가 당면한 에이즈, 노숙자, 환경 등 사회적인 문제와 연관지어 생각하게 된다. 이처럼 미국 국민들의 마음속에는 아직도 케네디 대통령이 그의 철학과 함께 살아 숨 쉬고 있다. 다만 초점이 약간 바뀌었을 뿐이다.

하지만 앞에서 말했듯이 과거와 현재는 뚜렷한 차이점이 있다. 아마도 케네디 대통령이 살아 있었다면 그 역시 피부로 느꼈을 것이다. 그것은 바로 내 조국에 대한 유대감이다. 요즈음에는 국경 너머 다른 국가와 의사소통이 원활해졌고 전 세계 사람들이 같은 상품을 사용하며 합법뿐만 아니라 불법 이민도 빈번하게 이루어진다. 사람들은 자신이 어디에, 혹은 누구에 속해 있는지 모르고 애국심의 대상도 모호해졌다. 물론 나는 미국인이다. 하지만 내가 살고 있는 캘리포니아는 멕시코 이민자가 많아 이들은 캘리포니아와 멕시코의 합성어인 칼렉시코Calexico라고 불린다. 또한 상당수의 라디오와 TV 프로그램이 스페인어로 방송한다. 심지어 일본 방송도 나온다. 내가 구매하는 물건 중 1/4 이상은 해외에서 수입되었다. 독자들의 사정도 나와 크게 다르지는 않을 것이다. 로스앤젤레스Los Angeles의 거리도 걱정스럽지만 보스니아Bosnia 사태도 걱정스럽다. 그러다 보니 나 자신에게 그리고 독자들에게 다음 질문을 하지 않을 수 없다. 내가 잘못하고 있는 걸까? 왜 조국만 생각해야 하나? 이제 미국은 다양한 이민자들로 구성되어 있어 정확하게 어떤 민족으로 구성되었다고 말할 수 없는 상황이다. 그런데도 여전히 미국에서 만들어진 물건만 구매하고 미국만 앞세워야 할까? 우리는 누구인가? 미국은 분열된 수많은 그룹의 합일체로 자리 잡고 있다. 다수의 인종이 모여 하나의 국가를 만들어야 한다는 용광로가 아닌, 스스로의 특색을 유지하면서 서로 조화를 이루는 토스트샐러드가 되어버렸다.

| 민족국가의 후퇴

지난 몇 세기 동안 존재했던 민족국가의 개념이 와해되고 있다. 사실, 우리가 지금 알고 있는 국가의 개념이 아예 존재하지 않았던 때도 있었다. 중세 시대가 거의 끝나갈 때쯤 대부분의 유럽과 일부 유라시아 지역 사람들은 로마제국에 충성했다. 당시에는 교황이 인정한 국왕만이 정당성을 입증 받았다. 그러나 루터Luther와 칼뱅Calvin

의 종교개혁과 구텐베르크Gutenberg의 인쇄술은 모든 것을 바꾸어 놓았다. 구텐베르크가 당시 유럽의 통일어로 인식되던 라틴어가 아닌 "독일어로 된 책을 출판하겠다"고 선언하면서 독일은 교회와 신성로마(중세 암흑시대 무정형의 제국)보다 더 윗자리를 차지하였다. 그 후 몇 세기 동안 독일을 비롯한 여러 개별 국가들이 탄생했다.

그러나 지금은 새로운 경제 현실 때문에 반대의 상황이 벌어지고 있다. 글로벌 시장은 특정 국가의 정치적 주체를 넘어서 뻗어 나가고 있고, 정부는 누구의 이익을 증진시켜야 할지 혼란스러워 한다. 미국도 혼다나 벤츠 같은 외국 기업이 테네시Tennessee나 앨라배마Alabama에 생산 공장을 세워 지역 일자리 창출에 도움이 되었으면 한다. 그리고 한편으로는 크라이슬러나 포드 같은 미국 기업이 일본 시장에 진출하도록 도우려 한다. 현재 경제생활은 빠르게 세계화되고 있으며, 그 결과 국가와 국민 간의 유대 관계가 무너지고 있다. 미국 정부가 혼다를 좋아하는데 미국 국민들은 그러면 안 될까? 세계화 속에서 다른 국가의 경제정책, 문화, 종교 등이 마음에 든다면 그 나라에 투자하거나 혹은 그 나라로 한 번 가보는 것도 괜찮지 않을까? 요즘 삶은 점점 팍팍해지고 있지만 세계화 덕분에 이민자들은 더 많은 기회를 가질 수 있게 되었다. 또한 세계화의 속도도 빨라지고 있다. 전쟁 중 국가에 대한 충성심을 버린다면 반역이다. 반면 평화 시 국가에 대한 충성심을 버린다면 애국심이 부족한 것이다.

하지만 21세기는 새로운 시대다. 주권국가보다는 세계화가 더 큰 화두다. 게다가 과거 어느 때보다 많은 사람들이 다른 국가로 이민을 가고 있다.

| 자경단의 힘

지난 10년간 세계는 주권국가에서 글로벌 경제로 변화했고, 이와 함께 과거 그 유례를 찾아보기 힘들 만큼 어마어마한 금융자산이 축적되었다. 게다가 컴퓨터 기술이 눈부시게 발전한 덕분에 눈 깜짝할 사이에 돈을 전자적으로 이동시킬 수 있게 되면서 뮤추얼펀드나 헤지펀드매니저들과 주식·채권·통화트레이더들의 시대가 왔고 이들은 자본시장의 자경단원(지역 주민들이 도난이나 화재 따위의 재난에 대비하고 스스로를 지키기 위하여 조직한 민간단체를 자경단이라고 한다)으로 불리기 시작했다.

자경단원이라고 하니 왠지 떼로 몰려다니면서 여기저기를 들쑤시고 못된 짓이나 하면서 다른 사람들을 체포하거나 죽이려고 하는 무리들처럼 들리지만 그렇지는 않다. 이들의 투자 방식이 자칫 집단사고로 빠지는 경우가 있긴 하지만 일부러 미리 짜고 결정을 내리지는 않는다. 나 또한 현직 채권펀드매니저 몇몇을 알고 있기는 하지만 특정 시점에 그들의 생각이 어떤지는 알 수 없다. 자경단원들이 함께 행동하고 있다고 생각한다면 그것은 오해다. 금융시장에서 만장일치란 없다. 이 때문에 금융시장에서 매매가 이루어지는 것이다. 즉 언제나 파는 사람과 사는 사람이 공존한다. 매도세나 매입세처럼 한쪽이 유리한 상황은 아담 스미스Adam Smith가 말한 보이지 않는 손이 작용한 결과일 뿐이다. 수천 명의 독립적인 펀드매니저들이 특정 경제통계에 대해 독립적으로 반응했는데 우연히 일치한 것뿐이다.

자경단원들은 원칙적으로 고수익, 저위험을 추구한다. 물론 불가능한 꿈이지만, 가능한 한 수익을 극대화하고 동시에 위험을 극소화하려 노력한다. 이를 위해서는 다음과 같은 조건의 국가에 투자하는 것이 좋다. 첫째, 실질 GDP를 성장시키기 위한 경제정책. 둘째, 안정적인 정치적 환경. 셋째, 건전하고 규율을 준수하는 중앙은행. 넷째, 경쟁력이 있고 눈에 보이지 않는 잠재적인 위험이 없는 통화. 다섯째, 낮은 부채 수준. 여섯째, 자산에 대한 개인적인 권리를 보호하는 법적 제도이다. 그런데 이 6가지 조건을 모두 충족하는 국가를 찾기란 쉽지는 않다. 믿기지 않을 지도 모르지만 그나마 가장 근접한 국가는 미국뿐이다! 하지만 이 모든 조건을 만족하기 때문에 리스크가 낮고 잠재적인 투자수익률은 그리 높지는 않을 것이다. 앞에서 말했듯이 투자수익률이 6%~8%에 그칠 것으로 기대되어 절대적 혹은 상대적으로 높지 않은 수준을 기록할 것이다. 반면에 여타 국가는 미국 내 투자보다 리스크가 높은 만큼 기대 수익도 높아서 해외 투자자들을 끌어들일 수 있을 것으로 보인다.

금융시장의 자경단원들은 자신들이 생각하는 최적 수익률과 최소 리스크의 조합을 찾아 미국에서 독일로, 독일에서 일본으로, 일본에서 태국으로 이곳에서 저곳으로 그리고 다시 저곳에서 이곳으로 돈을 옮겨갈 것이다. 이 과정에서 각 정부와 중앙은행은 상당히 중요하면서도 엄격하지만 공평한 규율을 준수하도록 요구받는다. 1994년 말 멕시코의 예를 보면 명확하게 알 수 있다. 당시 멕시코의 무역 적자가 급격히 불어났고 멕시코 페소화가 지나치게 고평가되었다는 사실이 드러나면서 단 며칠 만에 수십억 달러가 해외로 빠져나갔다. 결국 멕시코는 항복할 수밖에 없었다. 멕시코 정부는 페소화를 50%나 가치 절하했고 통화 공급과 국제수지 적자에 관한 엄격한 조건에 합의했다. 그 후 멕시코는 거의 불황에 가까운 힘든 시간을 보냈다. 이 사건이 로버트 루빈Robert Rubin 전 미국 재무부 장관과 미 재무부의 독단이라고 생각한다면 오산이다. 오히려 로버트 루빈 재무부장관이 자본시장 자경단원들의 막후 영향력에 순응한 결과였다. 혹은 미국 투자시장을 보호하기 위한 미국의 조치일지도 모르겠다. 하지만 당시 미국 재무부의 구제금융과 지급보증이 없었다면 그 이후 멕시코로 민간 자본이 유입되는 일은 없었을 것이다. 모든 것이 자경단원들의 통제력 때문이었다.

아르헨티나, 프랑스, 이탈리아, 스페인에서도 최근 비슷한 갈등이 발생했다. 이때도 자본시장 자경단원들의 힘이 작용했다. 그런데 이들의 압력은 겉으로 드러나지 않고 내재적으로 작용한다는 점이 매우 중요하다. 글로벌 경쟁 속에서 각 국가는 잠재적인 투자자의 관심을 끌기 위해 매력적인 유인책을 제시해야 한다. 이들은 앞 다투어 자본시장 자경단원들의 환심을 얻으려 하고 있다. 최근 갑작스럽게 대다수의 정부들이 예산 균형과 재무 건전성 제고라는 케케묵은 목표를 다시 들먹이는 것도 모두 이런 이유 때문이다. 미국도 예외는 아니다. 연방 하원의장인 뉴트 깅그리치Newt Gingrich가 그 전임인 토머스 오닐Thomas Philip Tip O' Neill이나 톰 폴리Tom Foley보다 더 똑똑해서 선출된 것은 아니다. 유권자들은 눈치채지 못했겠지만 자유시장 경제정책 실행을 위해 뉴트 깅그리치와 다른 공화당 하원의원들이 선출된 것이다. 클린턴Clinton 대통령도 이런 분위기를 눈치채고 확실히 보수적인 방향으로 정책을 선회했다. 그리고 이것은 미국 경제를 한층 강화하고 21세기에 더 많은 일자리를 만들기 위해 자본시장 자경단원들의 정책에 반응한 것이었다.

중앙은행도 비슷한 압력을 받고 있다. 긴축통화정책이 실행되지도 않고 실질금리가 낮으면 자경단원들이 공격해 통화를 매도하여 통화가치를 떨어뜨린다. 몇 개월만 지나도 인플레이션이 발생되고 주식과 채권의 투자가치가 하락한다. 또 새로운 자금을 유치하는 데

경제학 기초 재정정책과 통화정책

> 근대사회에서 정부는 다양한 기능을 하지만, 그중 가장 중요한 2가지가 예산 수립과 통화공급량 조절이다. 재정정책은 흑자 재정을 운영하는지 혹은 적자 재정을 운영하는지 여부를 의미한다. 정부가 재정규율을 따르고 있다면 정부의 예산이 균형 잡혀 있거나 혹은 적어도 균형예산 쪽으로 움직이고 있다는 뜻이다.
>
> 금융정책은 정부 내 중앙은행(미국의 경우 연방준비위원회)의 정책을 뜻하는데, 통화량과 은행의 지불준비금에 영향을 미친다. 통화완화정책을 실행하면 통화량이 증가하고 이를 위해 은행의 지불준비금도 증가한다. 반대로 타이트머니 즉 긴축통화정책을 실시하면 통화 공급량 증가가 느려지고 실질금리가 상승한다.

필요한 국가의 경쟁력도 약화된다. 자경단원들의 공격은 경제의 악순환으로 이어지는데, 여전히 통화정책이 느슨하게 유지되면 결국 스테그네이션이 발생한다. 경제가 나빠지면 정치인들은 재선에 실패할 가능성이 커지므로 중앙은행에 규율을 준수하도록 요구한다. 이런 정책이 비난과 정치적인 공격의 빌미가 되던 지난 10년과 비교해 사뭇 다른 양상이다.

    재정정책과 금융정책이 강화되면 인플레이션이 감소하기 때문에 채권 및 주식투자자들은 환호한다. 앞으로 20세기 말까지 인플레이션이 2%대로 유지될 것이라는 나의 예측도 상당 부분 이 자경단원들의 영향력에 기반을 두고 있다. 그런데 이들의 영향력이 부정적인 결과를 가져오기도 한다. 자경단원들은 아주 빠르게 움직인다. 일단 행동하기로 결정하면 하루 밤새 결판이 나기도 한다. 또 이들은 같은 방향으로, 일률적으로 행동하기 때문에 시장의 변동성이 커진다. 이 때문에 상당수의 투자자들이 전전긍긍하며 밤잠을 설치며 상황을 외면하는 투자자는 큰 피해를 입는다. 1995년 초반 캘리포니아 오렌지 카운티 Orange County 의 몰락을 참고하면 쉽게 이해할 수 있다. 1994년 미국 채권시장 폭락이 얼마 남지 않았던 시점, 빠른 경제성장과 높은 인플레이션을 우려하던 자본시장의 자경단원들은 과도한 부채를 안고 투자를 하던 미국 캘리포니아(내가 지금 살고 있는 곳이 캘리포니아다) 주가 파산을 선언하도록 종용했다. 그 후 기자들은 오렌지 카운티 재정 담당자였던 로버트 시트론 Robert Citron 이 리스크가 높고 복잡한 파생금융상품에 과도하게 투자하고 있는 사실을 발견한다. 이것은 시의 재정 운영 측면에서 적절한 방법은 아니었다. 하지만 아이러니하게도 9개월 후에도 오렌지 카운티는 부유했다. 캘리포니아가 파산을 선언함과 거의 동시에 자경단원들은 방향을 바꾸었고, 덕분에 채권 가격이 상승하고 채권수익률은 낮아져 강세장을 형성하였다. 짐작컨대 그해 말 쯤, 오렌지 카운티는 이전의 투자 포트폴리오로 복귀했을 것이다.

| 전략적 영향

투자 전략을 세울 때 자경단원의 영향력과 그 결과 나타나는 시장의 변동성을 반드시 고려해야 하는데, 다음 2가지 이유 때문이다.

첫째, 나중에 9장에서 또 설명하겠지만 자경단원들이 영향력를 행사한 후 나타나는 시장의 변동성은 한계가 있다. 자본시장의 자경단원들은 시장을 빠르게 변화시킬 수는 있지만 언제나 마음먹은 방향으로 변화시킬 수 있는 것은 아니다. 금리가 너무 높으면 지역 및 세계경제는 위축된다. 반면에 금리가 너무 낮으면 인플레이션이 고개를 든다. 투자자들은 금리가 어느 정도 수준이 되면 의욕이 넘치는 자경단원들이 제한을 받게 되는지 생각해 보고 이에 대한 정보를 수집해야 한다. 나는 미국 재무부 장기채권수익률이 5%~7%일 때라고 생각한다. 이 경계 내에서는 어느 정도 가격이 불안정하더라도 걱정할 필요가 없다고 믿고 있다. 채권수익률이 7%라면 채권을 사야 하는 시기로, 5%까지 하락하면 채권을 팔아야 하는 시기로 판단한다. 5%~7% 내에서의 변동은 일상적인 비즈니스 사이클 내의 변동이거나 혹은 자경단원들이 만들어낸 잡음 때문에 시장이 반응한 것에 불과하다.

둘째, 전문가들의 비즈니스 사이클 타이밍 분석에 귀를 기울이고 동시에 자경단원들의 행동을 고려해야 한다. 지난 몇 년간 시장은 점점 선행하고 있다. 자경단원들은 다른 자경단원보다 앞서가려고 한다. 과거에 시장은 경기 불황이나 회복을 알려주는 확실한 통계

현명한 투자자 시장의 타이밍

> 시장의 타이밍은 투자에 있어서 가장 논란을 불러일으키는 문제다. 전설적인 금융가인 존 모건 J. Pierpont Morgan은 앞으로의 시장을 예측해 달라는 질문에 "앞으로 시장은 등락을 거듭할 것입니다"라고 대답해 투자자들의 어려움을 단적으로 표현한 적이 있다. 시장 움직임의 타이밍을 잡아 저렴한 가격으로 주식이나 채권을 구매하고 비싼 가격에 되팔기란 스페인 정복자인 후안 폰세 데 레온 Ponce de Leon이 가졌던 꿈만큼이나 어렵다.
>
> 그런데 이 어려움은 투자자의 지식이나 근면함이 모자라서가 아니라 시간의 틀을 잘못 짜고 있기 때문에 발생한다. 단기적인 시간의 틀 속에서 시장의 타이밍을 잡으려 한다면 인간으로서 느끼는 감정 때문에 어쩔 수 없이 감각이나 지식이 무뎌진다. 게다가 단기간 동안의 경제 혹은 비즈니스 통계는 무작위인 경우가 많아, 매도건 매입이건 시장에서 한 가지 방향으로 트렌드가 형성되는 것을 방해한다. 하지만 투자자는 어쩔 수 없이 투자의 타이밍을 잡기 위해 노력해야 한다. 성경에서도 '모든 것에는 때가 있다'고 충고하지 않았던가? 성공적인 결과를 위해서는 반드시 장기적인 시각을 가져야 한다. 앞으로 3주~5주 혹은 3개월~5개월이 아닌 3년~5년 후를 예측하기 위해 집중하라. 장기적으로 생각하면 의미 있는 변화를 파악하고 객관적인 시각을 가질 수 있다. 이때 성공 가능성은 크게 높아진다!

증거가 나올 때까지 기다렸지만 이제는 불황이나 회복이 시작되기 전에 행동한다. 예를 들어, 1995년 9월 장기 재무부채권은 최고 가격 대비 1.5% 혹은 150포인트나 하락했다. 이것은 단순히 경제성장이 둔화될 것이라는 추측 때문이었다. 그 이전의 1994년 채권시장 폭락도 일부 자경단원들의 성급한 행동이 어느 정도 원인을 제공했다. 이들은 "불이야!"라고 외치면서 옆자리에 앉은 친구보다 더 빨리 출구 쪽으로 뛰어나가려 해서 혼란을 가중시켰다. 이런 경우 주식 및 채권시장의 비즈니스 사이클 분석과 맞물려 차후에 타이밍이 적절하게 조정된다. 단기적인 상황에서 시장의 타이밍을 잡는 것은 힘들다. 하지만 이때 자경단원들의 행동이 시장 상황에 영향을 미친다는 사실을 인식하고, 먼저 시장에 뛰어들거나 빠져 나와야 한다.

현재 숲 속에서는 수많은 사냥꾼들이 황금달걀을 찾고 있다. 지금까지의 강세장에서는 누구나 성공하기 쉬웠지만, 지금부터 우리 앞에 펼쳐질 버틀러크릭 시대에서 성공하기 위해서는 장기적이고 세속적인 관점을 가져야 하고 한편으로는 자경단원들의 행동도 주의 깊게 살펴야 한다. 자경단원들은 명목경제성장률을 둔화시키고 인플레이션을 감소시키지만 시장이 다시 살아날 수 있도록 돕기도 한다.

경제학 기초 비즈니스 사이클

경제가 규칙적으로 성장하고 어떤 방해도 받지 않는다면 비즈니스 사이클을 논의해야 할 필요도 없을 것이다. 그러나 지난 수세기 동안 경제는 놀랍게도 울퉁불퉁한 길을 걸어왔다. 평균을 훨씬 넘어서는 성장을 보이기도 하고(경기회복) 평균 아래로 하락세를 보이기도 했다(경기 침체). 일반적으로 경기 침체는 경기회복보다 짧다. 이처럼 경제는 회복과 하락을 거듭해 파도 모양으로 변화해 왔는데, 이를 '비즈니스 사이클' 이라고 한다.

또 경제학자들은 다른 종류의 사이클도 찾아냈다. 일반적으로 비즈니스 사이클은 최고점에서 다음 최고점까지 3년~5년 정도 걸린다고 알려져 있다. 그런데 기술혁신으로 추론 가능해진 콘드라티예프 파동과 같은 장기 경제 사이클은 경제의 한 주기가 50년까지 이어질 수 있다고 주장한다.

이 모든 정보는 금리, 이윤, 증권 가격 등에 영향을 미치기 때문에 투자자들에게 매우 중요하다. 예를 들어, 지금이 전체 비즈니스 사이클에서 어디쯤인지를 파악한다면 언제 시장에 들어오고 나가야 할지 타이밍을 잡을 수 있다.

그렇다면 이 사이클의 원인은 무엇일까? 통화나 금융정책에서부터 자본주의자들이 가진 동물적인 본능의 변화 등 합리적인 설명이 수백 개나 된다.

Chapter 5

플랑크톤 이론

베이비붐 세대, 베이비버스터 세대 그리고 미래

• • •

내가 22살 때 만난 해병대 훈련소 교관은 살면서 절대 만나고 싶지 않을 만큼 비열한 사람이었다. 이름이 크루즈였는데, 반드시 '교관님'이라는 호칭을 말끝에 붙여 110데시벨 정도의 큰 소리를 질러대지 않으면 들은 척도 하지 않았다. 사실 나는 훌륭한 장교감이 아니었고, 크루즈 교관도 이 사실을 알고 있었다. 1966년 10월, 내가 펜사콜라Pensacola 막사에 첫발을 들여놓자마자 크루즈 교관은 마치 사자가 무리 중 가장 약한 놈을 본능적으로 골라내 사냥에 나서듯 나를 사냥감으로 찍었다. 겨우 10분 만에 나는 머리를 빡빡 밀었고 그 다음 10분 만에 육체적으로 취약해져 버렸다. 그리고 해가 질 때쯤 내가 갖고 있던 모든 자존심이 무너져 내렸다. 나는 베트남전 용사가 되고 싶었지만 그렇게 의지가 강한 편도 아니었고, 크루즈 교관은 이 사실을 본능적으로 알고 있었다. "러브비즈(주로 히피들이 하고 다니는 구슬 목걸이) 어디에 두고 왔나?"라고 크루즈 교관이 내 얼굴에 대고 소리쳤다. "네! 샌프란시스코에 두고 왔습니다. 교관님"이라고 내가 엉겁결에 대답하자 그는 "그럼 너의 그 북슬북슬한 엉덩이를 가지고 여기서 나가 집에 빨리 돌아가고 싶겠군. 그렇지 않나(러브비즈는 구슬 목걸이뿐만 아니라 애널 섹스를 할 때 사용하는 성인용품을 뜻하기도 한다)?"라고 응수했고, 나는 "아닙니다! 교관님"이라고 꺽꺽 소리질러댔다. 물론 크루즈 교관을 싫어하는 사람은 나뿐만이 아니었다.

크루즈 교관은 우리가 12주 동안 적응하도록 되어 있는 군사훈련제도의 화신 같은 존재였다. 우리는 훈련이 끝나면 장교로 임관해 비행기 조종사가 되기를 바랐지만, 크루즈 교관은 우리들 특히 그중에서도 내 앞을 가로막고 있는 존재였다. 그의 앞에만 있으면 나는 잘하는 게 하나도 없는 것 같았다. 매일 새벽 3시까지 안 자고 총에 조금이라도 녹 쓴 부분이 없나 찾곤 할 정도였다. 하지만 크루즈 교관이 검열을 할 때면 거의 매번 내 총에서 녹슨 부분을 찾아냈다. 그래서 나는 침상에서 잠을 잔 적이 없었다. 크루즈 병장이 내게 맡긴 근무지는 병원 모퉁이였는데, 막사에서 걸어서 한 시간 이상 걸리는 곳이라 자러 올 시간이 없었다. 크루즈 교관이 나를 구타하지는 않앉지만 끊임없는 구보와 팔굽혀펴기, 턱걸이, 장애물 통과 등 할리우드 영화에서나 보던 훈련을 시켰고 내 몸은 지쳐만 갔다. 아마 사람들은 영화가 현실보다 과장되었다고 생각했을지도 모르겠다. 하지만 경험자로서 말하건대 실제 훈련과 똑같다! 크루즈 교관은 "너는 절대 제트기를 몰 수 없어! 너한테는 조그마한 경비행기가 맞아!"라고 외치곤 했다. 사실이었다. 하지만 미 해병이 베트남전에서 경비행기를 사용하지 않았기 때문에 나는 남태평양에 있는 구축함에 자대 배치 받았다. 그 이후로도 크루즈 교관을 절대 잊을 수 없었다. 그와 함께 보낸 시간은 고작 12주였지만 그 기간은 지옥 같았다. 하지만 그 세 달이 내가 남자의 세계에 첫 발을 뗀 순간이었다.

미국에서는 젊은 장교가 임관을 할 때 자신의 교관에게 1달러 지폐에 사인을 해 선물하는 전통이 있다. 후에 자신이 유명해지면 기억해 달라는 의미다. 당시에 나는 이런 전통을 몰랐다. 지금 생각해보면 그때 크루즈 교관에게 꼭 1달러를 선물했어야 했다는 생각이 들어 아쉽다. 물론 그는 나를 비롯해 천 명쯤 되는 다른 시시껄렁한 훈련병을 잊어버렸겠지만, 이제 우리는 해병대 훈련소 교관이던 알프레도 크루즈 병장을 존경하고 있다. 그리고 앞으로도 그럴 것이다.

| 플랑크톤 이론

크루즈 교관은 적자생존법칙의 신봉자였다. 본능적으로 약한 자를 도태시키고 강한 자만을 해군 제트기 조종사로 생존시켰다. 마찬가지로 금융시장에서도 살아남기는 매우 힘들다. 투자 포트폴리오만 가지고 기류 속을 비행하다가 조종석에서 졸기라도 하는 날에는 추락할 수밖에 없다. 따라서 항상 긴장해야 한다. 나와 같은 전문 펀드매니저에게 돈을 맡긴 투자자들 또한 경계를 늦춰서는 안 된다. 적어도 주식, 채권, 현금 중 어디에 투자할지에 대해서는 스스로 결정해야 하기 때문이다. 이를 위해서는 인구 통계학에 대한 약간의 지식이 있으면 도움이 될 것이다. 지금부터 독자들이 인구 변화가 투자시장에 미치는 영향에 대해 쉽게 이해할 수 있도록 플랑크톤 이론이라는 나만의 법칙을 소개하겠다.

플랑크톤 이론은 실제 플랑크톤이 그렇듯 바다에서 시작된다. 다들 알겠지만 플랑크톤은 아주 작은 유기 생물로 해양 생명체들의 먹이다. 플랑크톤이 없다면 바다에 살고 있는 물고기나 포유류 대다수가 살아남을 수 없다. 해양 생명체 또한 서로 먹고 먹히는 먹이사슬을 형성하고 있으며, 플랑크톤은 그 먹이사슬의 가장 하부에 위치하고 있다. 따라서 거대한 하얀 고래나 상어들의 미래를 예측하기 위해서는 플랑크톤의 현재 및 미래 상황을 고려해야 한다. 플랑크톤 이론의 골자는 바로 이것이다.

그럼 플랑크톤은 투자와 어떤 관련이 있는가? 아주 밀접한 관련이 있다. 부동산, 그중에서도 주택 시장을 예로 들어 보겠다. 1975년부터 1985년까지 미국의 주택 가격은 크게 상승했다. 대부분의 미국인들에게 집은 최고의, 유일한 투자 대상이다. 어떤 사람들은 거주하기 위해서가 아니라 투자하기 위해서 대출을 받아 주택을 몇 채씩 구입해 마이너스 현금 흐름을 감내하기도 한다. 향후 몇 년 안에 꽤 짭짤한 자본소득을 얻을 수 있을 것이라는 기대 때문이다. 즉 집을 두세 채 사서 다른 사람들에게 세를 내어주고 월세를 받는데, 이때 집을 세놓아 받는 월세가 대출이자보다 적으면 현금 흐름이 마이너스가 된다. 하지만 집값은 십 년쯤 지나면 오르기 마련이고, 그때 되팔면 이익을 얻을 수 있었다. 그런데 갑자기 상황이 달라졌다. 지난 십 년간 부동산 가치가 완만하게 성장하거나 아예 성장을 멈추었기 때문이다. 이유는 무엇일까?

그 이유는 플랑크톤 이론으로 설명할 수 있다. 부동산 시장에서 플랑크톤은 처음으로 집을 사는 사람이다. 그들의 대부분 자신의 집을 갖고 싶어 하지만 자본이 충분하지 않은 갓 결혼한 신혼부부들이다. 이들이 대출원리상환금이나 이자를 다달이 갚지 못하면 부동산 시장의 플랑크톤이 사라져버려 집값 상승이 완화된다. 집을 팔고 싶어도 구매할 사람이 없으면 집 주인은 자신이 살아 있는 전망 좋고

게스트룸이 있는 멋진 집을 더 이상 감당하지 못하게 된다. 상황이 점차 악화되면 먹이사슬의 윗부분인 베버리 힐즈Beverly Hills나 쉐이커 하이츠Shaker Heights의 고급 주택들까지 차압당하는 일이 생긴다. 결국 주택 시장 전체가 고사되고 주택 가격의 상승은 빠르게 멈추어 버린다. 따라서 전체 시장의 건전성을 알아보기 위해서는 먼저 플랑크톤 즉 먹이사슬의 맨 바닥에 있는 사람들을 고려해야 한다. 이들의 존재 및 금융 능력이 약화되었다면 부동산 시장은 빠른 시일 내에 상승을 재개하지 못한다.

베이비붐 세대

시장은 수백만 명의 사람들로 이루어져 있으며 이들은 수많은 독립적인 결정을 내린다. 이들은 우리가 인구학이라고 부르는 양적 사회과학을 구성한다. 인구학은 한마디로 인구의 변화를 분석하는 학문이다. 인구학 통계자료는 특정 연도에 출생한 사람은 몇 명인지, 또 미래의 특정 연도에 몇 명의 인구가 사망할 것인지에 대해 예측한다. 무엇보다 현재 살아 있는 사람이 누구이고, 앞으로 향후 20년간 살아 있을 사람들은 누구인지에 관해 정확하고 상세한 자료를 제공한다. 자연재해나 전쟁을 제외하면 변수는 미래의 출산율과 이민

추세 정도뿐인데 이들 또한 단기적으로는 크게 변동하지 않는다.

만약 내가 앞으로 몇 년간 남태평양 제도의 한 섬에서 살아야 한다면 그곳에서 투자 포트폴리오를 구성하기 위해 가져가야 할 유일한 자료는 인구학 통계라고 말하곤 했다. 개인이라는 플랑크톤이 함께 힘을 합치면 시장을 움직일 수 있다. 단순히 주택 시장뿐만 아니라 주식 및 채권의 장기적인 가격 또한 인구 변화에 따라 달라진다. 따라서 섬으로 떠나건 아니건 간에 인구학 자료는 미래를 예측하는 데 무엇보다 먼저 고려해야 한다.

지난 반세기 동안 발생했던 주목할 만한 인구학적 변화의 원인은 미국에서 1945년부터 1960년대 초반에 태어난 이른바 '베이비붐 세대' 때문이었다. 2차 세계대전을 겪은 후 미국에서 출생률이 크게 증가했다. 이것은 전쟁에서 사망한 인구를 보충하려는 본능적인 필요성 때문이기도 했지만 미국의 경제 번영 덕분에 새로운 가족이 구성되거나 가족이 확대될 수 있었기 때문이기도 했다. 반면에 유럽과 일본은 당시 경제적으로 그렇게 풍요롭지 못했기 때문에 미국의 베이비붐 세대 같은 출산율 증가가 발생하지 않았다.

베이비붐 세대는 그 수가 많아서 큰 영향력을 행사해 왔다. 사람이 많다 보니 이들이 행동을 결정하면 투자자들이 주의를 기울일 수밖에 없었다. 즉 베이비붐 세대는 엄청나게 많은 플랑크톤이었다.

현명한 투자자 기본적 분석 VS 기술적 분석

투자 전문가들이 시장을 예측할 때 사용하는 방법에는 2가지 종류가 있다. 기본적 분석과 기술적 분석인데, 이 둘은 매우 달라서 마치 물과 기름처럼 서로 섞이지 않는다.

기본적 분석은 기업의 재무제표나 손익계산서 등의 자료로 미래의 주식 및 채권 가격을 예측하는 방법이다. 기본적 분석가(현재 월스트리트 대부분의 펀드매니저들)는 기업 매출·이익·경영 상태에 대한 과거의 자료와 이들에 대한 예측을 바탕으로 다양한 주식과 기업 채권의 미래 가치를 측정한다. 인구학적 통계자료 또한 경제성장과 기업의 경영 성과에 많은 영향을 미치기 때문에 중요한 분석 대상이다.

기술적 분석가는 투자시장의 의사라고 할 수 있다. 이들은 주가의 변동과 거래량의 변화를 분석해 아더왕의 마술사였던 메를린처럼 미래를 예측할 수 있다고 믿는다. 그리고 주식 차트에 인간의 본성이 묻어 난다고 주장한다. 즉 주식 차트에 탐욕, 공포, 평정심 등의 패턴이 나타나 있기 때문에 특정 주식 차트의 패턴은 투자자들에게 팔아야 할 때인지 살 때인지 힌트를 준다고 믿는다. 헤드앤숄더를 샴푸 이름 정도로 알고 있는 투자자들은 기술적 분석에 대해 공부를 좀 해야 할 것이다(헤드앤숄더 패턴은 삼봉 구조의 주식가격 변동 곡선으로 앞으로의 가격 변동을 예측하는 데 매우 중요하다고들 한다). 독자들은 내가 이 둘 중 어느 것을 사용하는지 궁금할 것이다. 나 또한 나만의 예측 방식이 있다. 하지만 여기에서 밝힐 수 있는 것은 나는 지난 몇 년간 헤드앤숄더 대신 프렐 샴푸 애용자였다는 사실이다!

〈그림 5-1〉은 출생률 변화를 나타낸 그래프다. 그래프를 보면 1946년부터 1960년대 초반까지 출생률이 엄청나게 증가했음을 알 수 있다. 반대로 그 후 1970년대는 베이비버스트 즉 출생률이 하락한 시기였다. 이 때문에 1996년에는 40대인 베이비붐 세대와 20대인 베이비버스트 세대가 공존했다. 베이비붐 세대는 경제와 투자시장에서 중요한 존재다. 예를 들어 1970년대와 1980년대 초반에 있었던 다양한 트렌드를 추적해보면 그 이면에 베이비붐 세대가 있었다. 이들이 일정 연령에 도달하고 빠른 속도로 대출과 소비를 늘렸기 때문이었다. 당시 두 자리 대 인플레이션이 전적으로 카터

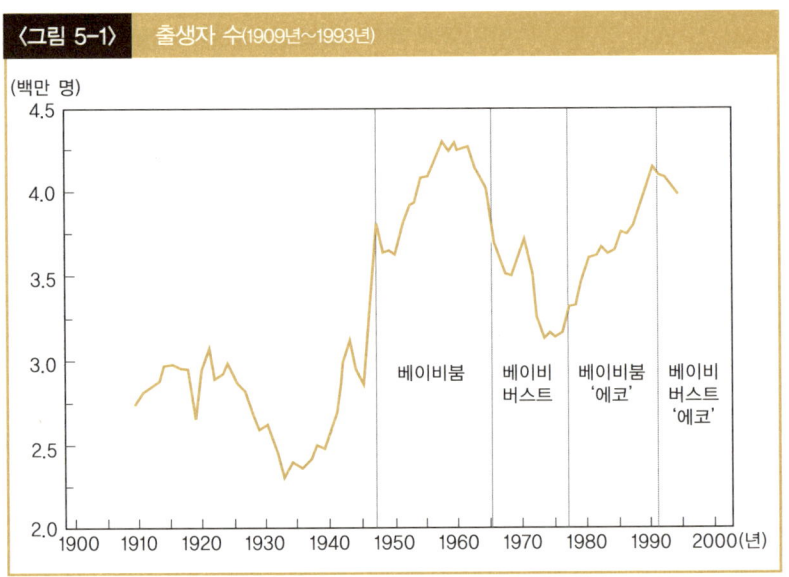

〈그림 5-1〉 출생자 수(1909년~1993년)

(자료 제공 : 미국 건강통계센터, DLJ인구 자료)

Carter대통령 때문이라고 생각했다면 잘못이다. 석유수출기구와 치솟는 유가 관계가 단순히 지정학적인 현상의 결과라고 알고 있었다면 다시 생각해야 할 것이다. 또한 부동산 가격 급등과 그 이후에 발생한 저축 및 대출 혼란이 단순히 사람들의 탐욕이 만들어낸 결과라고만 알고 있었다면 오산이다. 이 모든 현상들은 베이비붐 세대와 미국의 20대 중반 세대들이 소비 활동을 시작한 것과 밀접하게 관련되어 있다. 〈그림 5-2〉는 또 다른 인구통계 그래프다.

〈그림 5-2〉의 막대그래프는 각 연령대 소비자들의 지출 증가 및 감소를 나타낸다. 예를 들어, 25세 막대는 20세~30세 소비자의 중간값이다. 이 그래프에 따르면 미국에서 20세~40세 사이에 소비가

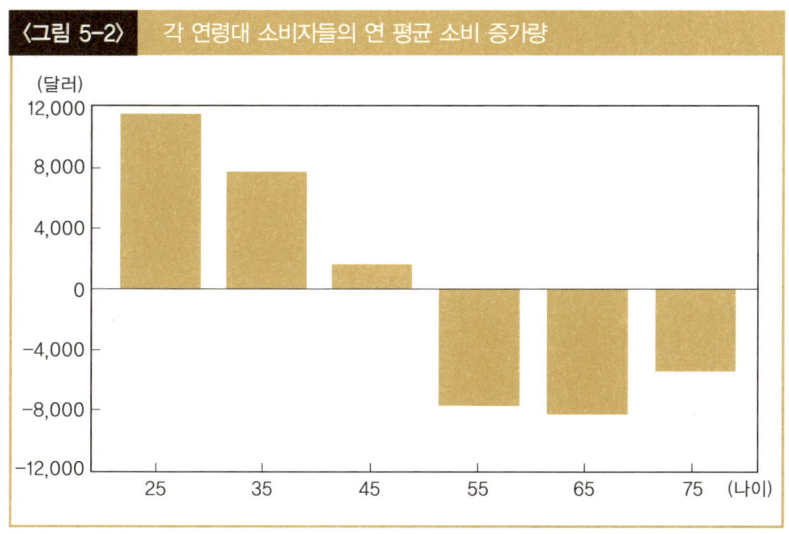

〈그림 5-2〉 각 연령대 소비자들의 연 평균 소비 증가량

(자료 제공 : 1990년 소비지출 조사, DLJ인구 자료)

급증하는데 20대는 10대에 비해 연간 12,000달러를 더 소비하며 30대는 20대에 비해 8,000달러를 더 소비한다. 반면, 50대 이상은 소비는 줄이고 저축을 늘린다. 이 두 개의 그래프를 보면 1970년부터 1985년까지 베이비붐 세대가 20세~30세였다는 사실을 알 수 있는데, 이들의 소비가 당시 경제 각 분야의 호황을 이끌었다. 이들이 20대 후반에 처음 집을 구매하기 시작하자 미국의 연간 신규건축주택이 2백만 채를 넘어설 정도였다. 덕분에 집값은 연간 20%~30%의 상승률을 기록했다. 뿐만 아니라 베이비붐 세대는 가구, 가전, TV를 신용카드로 구매했다. 이들은 마치 캔자스 들판을 습격하는 메뚜기 떼 같았다. 그 전까지 인플레이션과 집값이 모두 낮았는데, 5년 후 갑자기 인플레이션이 13%에 육박했고 집값은 몇 십만 달러까지 치솟았다. 당시 높은 인플레이션은 단순히 지미 카터 대통령의 정책 때문만도 아니고 공화당과 민주당이 설전을 벌여야 할 문제도 아니었다. 다만 베이비붐 세대가 살 집을 필요로 했기 때문이었다.

| 베이비버스트 세대

베이비붐 세대 다음은 베이비버스트 세대다. 이들은 1965년~1975년에 출생한 베이비붐 다음 세대다. 인구 통계를 살펴보면 당

시 출산이 크게 줄어 일 년에 태어나는 인구가 백만 명 이상 줄었다. 베이비버스트 세대가 구매력을 발휘하는 1990년대가 되자 2백만에 달하던 신규 주택 건축 건수가 1백30만까지 하락했다. 또한 주택 가격은 상승을 멈추거나 하락하기 시작했다(특히 캘리포니아에서 하락했다). 인플레이션은 베이비붐 세대 이후 최저 수준을 유지했다. 이처럼 개인 소비자가 시장에 미치는 영향이 크기 때문에 플랑크톤 이론은 매우 중요하며, 나는 투자 의사 결정에 앞서 인구학적 통계자료를 반드시 고려한다.

자, 그럼 현재로 돌아와서 당신과 내가 각각 남태평양에 있는 섬에서 향후 2년~3년 정도를 보낸다고 가정해 보자. 우리는 각자 소유한 섬에서 떨어져 살지만 유리병에 편지를 넣어 서로에게 보내거나 하는 방법으로 연락을 취하고 있다고 가정해 보자. 베이비버스터 세대들은 계속 소비를 해대겠지만 그 숫자가 적기 때문에 소비 시장과 주택 시장은 계속 약세를 유지할 것이다. 주택 매매와 상품 및 서비스 소비가 전체 GDP의 70% 이상을 차지하고 있기 때문에 이 두 분야에서 약세가 유지된다면 경제가 크게 성장하기는 힘들다. 덕분에 인플레이션은 낮게 유지되고 채권 총수익은 매력적일 것이며 주식으로 인한 투자 수익은 그리 나쁘지 않은 수준으로 유지될 것이다.

앞으로 경제성장이 둔화되겠지만 그래도 주식시장에 투자가치가 있을 것으로 예측하는 이유는 베이비붐 세대 때문이다. 이들은 이제 저축하는 나이가 되었고 당연히 이자율이 4%인 은행예금보다는 뮤추얼펀드를 선호한다. 따라서 적어도 한동안은 주식형펀드의 인기는 식지 않을 것이다. 주식시장에 구매력이 있는 플랑크톤이 엄청나게 많은 상황이 되는 것이다. 이 때문에 나는 앞으로 경제성장의 속도가 완만해지더라도 한동안은 주식시장을 빠져나오고 싶지 않다. 그러나 앞에서도 말했듯이, 투자수익률이 8%를 넘기기 힘들고 소비 시장의 플랑크톤 즉 베이비버스트 세대의 수는 적기 때문이다. 결국 주가가 상승하는 주원인은 저축률보다는 기업의 매출과 이익에 있는데 소비가 줄면 기업의 이익 성장률이 둔화될 수밖에 없다. 상황이 이렇게 되면 베이비붐 세대도 채권이나 해외시장으로 눈을 돌릴 것이다.

세계경제 둔화

우리는 지금 세계화 속에서 살고 있기 때문에 다른 선진국은 상황이 어떤지 궁금해진다. 앞에서 언급한 것처럼 일본이나 유럽은 2차 세계대전 후 미국과 같은 베이비붐을 겪지 않았다. 그럴 여유가 없었기 때문이다. 그 결과 미국의 1970년대 및 1980년대와 같은 부동산 붐이나 인플레이션 급등이 발생하지 않았다. 하지만 흥미롭게도 미국과 비슷한 베이비버스트는 발생했다(〈그림 5-3〉 참조).

1980년대와 비교해 1990년대 세계 선진국의 주요 소비자 수는 천5백만 명이나 감소했다. 미국에서만 5백만 명이 줄었고, 일본과 유럽을 합쳐 천만 명이 감소했다. 일본과 유럽의 인구는 미국에 비해 노령화되어 있고 저축에 더 열을 올리며 소비는 하지 않는다. 미래 경제성장과 관련해 세계 선진국들의 인구구조는 그다지 긍정적이지 않다. 인구에 젊은 이머징마켓들이 없다면 세계경제는 암울하다.

미국에서 젊은 소비층이 없다고 일본이나 미국 등의 선진국 무역 파트너에게 의존하려는 생각을 하고 있다면 일찌감치 포기하라. 이

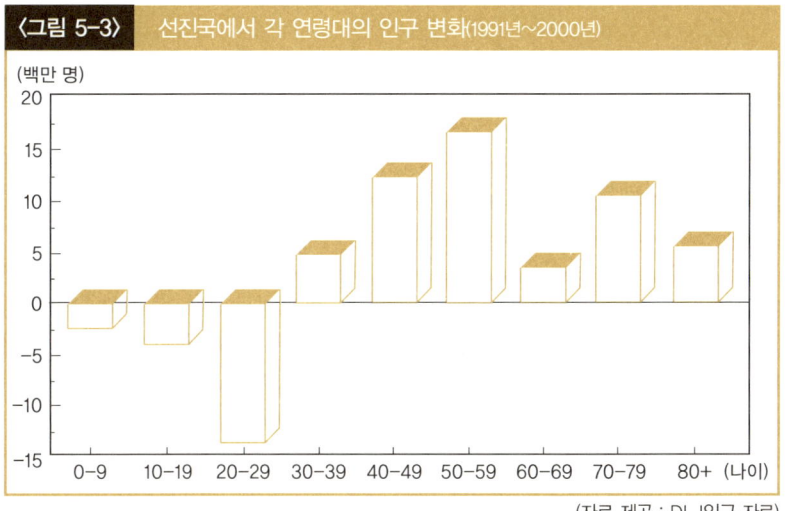

〈그림 5-3〉 선진국에서 각 연령대의 인구 변화(1991년~2000년)

(자료 제공 : DLJ인구 자료)

들 또한 비슷한 상황이어서 앞으로 세계경제성장을 둔화시키고 인플레이션을 낮게 유지하는 데 오히려 한 몫을 담당할 것이기 때문이다.

Chapter 6
아인슈타인 경제학
장기적인 저임금 추세

• • •

"미래의 유령!" 스크루지는 소리쳤다. "나는 세상에서 당신이 제일 무서워."
– 찰스 디킨스Charles Dickens의 『크리스마스 캐럴A Christmas Carol』 중

스스로에 대한 성찰을 다룬 책이 많은 데 나는 그중에서도 찰스 디킨스의 『크리스마스 캐럴』을 가장 좋아한다. 『크리스마스 캐럴』은 시간적 배경이 크리스마스 때인지라 종교적인 색채가 좀 묻어나긴 하지만, 근본적으로는 스크루지라는 구제불능인 사람이 자신의 잘못을 뉘우치고 새로운 사람으로 다시 태어난다는 내용이어서, 기독교인이건 유대인이건 이슬람교도건 종교와 상관없이 모두들 좋아하는 책이다. 이 책에서 미래의 유령은 스크루지의 죽음을 보여준다. 스크루지는 예의상으로나마 자신에 대해 좋게 말해주는 사람 하나 없는 텅 빈 집에서 어둠 속에 혼자 누워 있는 자신의 시체를 본다. 작가는 남을 사랑하지 않는 사람은 결국 쓸쓸

한 죽음을 맞이한다고 역설하고, 우리는 스크루지 이야기를 통해 스스로의 그리고 모든 인류의 잠재적인 미래를 엿볼 수 있다.

이야기 속에서 유령은 작가가 만들어 낸 일종의 도구다. 스크루지는 자신이 꿈을 꾸는 게 아니라 실제 유령을 보고 있다고 철석같이 믿는다. 스크루지가 가장 두려워하는 유령은 세 번째로 나타난 미래의 유령으로 그의 모든 것을 바꾸어 놓는다. 옷을 늘어뜨리고 후드를 뒤집어 쓴 미래의 유령은 스크루지와 우리 인류 모두가 피할 수 없는 '죽음의 얼굴'이다. 스크루지는 세 번째 유령이 주는 공포와 대면한 후 지금까지와는 다른 인생을 살기로 결심한다.

나는 『크리스마스 캐럴』 이야기가 매우 교훈적이라고 생각한다. 우리는 언제 죽음을 맞이할지 모르는데도 그 사실을 잊고 산다. 종종 죽음에 대한 공포를 직면해도 곧 그 공포를 억누른다. 각자의 자존심이 '병원이니 장례식이니 하는 것은 다 남의 이야기야'라고 속삭인다. 그리고 우리는 정말 그런 것처럼 행동한다. 하지만 세상일은 그렇지 않다. 꽃은 곧 향기를 잃어버리고 사람들이 가지 않는 길도 있기 마련이며 사랑하는 사람들도 무심하게 떠난다. 스크루지는 살아서 세 번째 유령을 만나서 스스로를 바꿀 기회를 얻었으니 정말 행운아다.

죽음의 얼굴을 직접 대면하는 것은 위험할 수도 있다. 만약 유령이 인생에 대해 경종을 울리는 정도가 아니라 지속적인 공포의 대상으로 느껴진다면, 마치 한낮에 작렬하는 태양을 맨눈으로 쳐다보면 눈이 잠시 동안 보이지 않게 되듯이 인생의 즐거움이 보이지 않을 것이다. 스크루지가 인생을 바꾸는 데에는 단 하룻밤의 공포로 충분했다. 하지만 대부분의 인간들은 유령을 만날 기회가 없으니 대신 주위로 눈을 돌려보자. 인생에서 발생하는 수많은 비극들이 보일 것이다. 약간만 관심을 갖고 보아도 크리스마스이브의 스크루지가 아닌 크리스마스 날 아침의 스크루지가 되고 싶은 생각이 절로 들 것이다. 나는 이제 쉰두 살이어서 아직은 죽음이 멀게 느껴지지만, 주변 사람들의 비극을 보고 있으면 내 삶의 파도도 점차 해변으로 다가가고 있으며 언젠가는 산산이 부서져 잊혀질 거라는 걸 알게 된다. 파도의 거품은 빠르게 모래 속으로 사그라지지만 바닷물은 어마어마하게 크게 다시 다가온다. 그렇다면 개개인의 인간은 개별적인 파도가 아니라 그저 거대한 바다의 한 부분일 뿐인지도 모르겠다. 우리 모두는 거대한 인류의 존재를 망각한 채 같은 해변을 향해 여행 중인지도 모르겠다. 이것이 바로 스크루지가 미래의 유령에게 얻은 교훈이다. 그리고 신께서 우리에게도 같은 깨달음을 주시기 바란다.

칼 마르크스 Karl Marx 는 인류의 역사를 행동하는 경제학이라고 말했다. 따라서 경제의 다이내믹을 변화시키면 역사도 바꿀 수 있다고 생각했다. 마르크스를 신봉했던 레닌 Lenin, 스탈린 Stalin, 마오쩌둥은

20세기 대부분의 시간 동안 그의 이론을 입증하려 노력했다. 하지만 실제 인간의 역사가 크게 변화된 것은 17세기에 시작된 자본주의 덕분이었다. 산업혁명이 일어난 후 민주주의가 탄생했고 농경 사회는 거의 사라졌으며 근대 도시, 페미니즘이 생겨났다. 반론의 여지는 있겠지만 자본주의는 종교와 서구 사회의 전통적인 도덕적 가치가 쇠락하는 데에도 일조했다. 이것이 너무 허황되거나 과장된 주장이라고 생각된다면 과거를 한번 돌이켜보자. 1970년 즈음부터 미국에서는 낮은 저축률, 과도한 국방비, 근대 복지 제도의 확장 등으로 생산성이 하락하기 시작했다. 따라서 실질임금이 하락했고 여성들은 집을 벗어나 일터로 가기 시작했다. 시트콤 「비버Leave It to Beaver」에서 해결사로 나오는 워드와 준 클리버 부부는 당시를 살던 미국 핵가족의 전형적인 모습이었다. 이후 빠른 경제성장 때문에 미국 사회는 급격하게 붕괴되었다.

하지만 인류의 역사와 사회적 변화를 유발하는 원인이 우울한 학문이라고도 부르는 경제학뿐만은 아니다. 그 외 일부 과학 이론들도 변화를 일으킨다. 예를 들어 찰스 다윈Charles Darwin은 구약성서를 뒤집어엎는 진화론을 주장했고, 많은 사람들이 다윈의 이론이 상대적 도덕주의(도덕 규칙이 상황에 따라 상대적이라는 생각)의 탄생을 가속화시켰다고 생각하고 있다. 아인슈타인과 프로이드가 삶과 자연의 법칙이 눈에 보이는 것과 다르다고 주장할 때에도 비슷한 파급효과가 있었다. 수백 년 동안 믿어왔던 물리학 이론들이 아인슈타인의 상대성 원리로 대체되었고, 뉴턴Newton이 말했던 것처럼 사과가 반드시 땅으로 떨어진다고는 장담할 수 없게 되었다. 그와 반대로 아인슈타인의 이론은 지구가 상승해 사과와 만난다고 주장했다. 과학의 발전은 매우 중요하다. 경제를 성장시키기도 하고(예를 들어 원자력 발전) 사회적인 관습이나 태도에도 간접적인 영향을 미치기 때문이다. 폴 존슨Paul Johnson은 유명한 저서 『모던 타임즈Modern Times』에서 스탈린과 히틀러 같은 독재자가 나타난 이유 중 하나는 '상대적인' 과학 개념이 전체 사회의 행동 패턴에 점차적으로 녹아든 결과라고 주장했다. 이와 비슷하게 현재 서구 문화가 느리지만 지속적으로 부패하는 원인은 원자보다도 작은 아원자입자들의 무작위적인 행동을 규명하는 고급 물리학과 개인의 문제가 유전적인 원인에 기인한다는 유전학의 영향 때문일지도 모른다.

그렇지 않아도 자기중심적인 현대사회에서 범죄, 위법행위, 아동 방임 등의 악행은 과학 이론 때문에 더 악화되고 있는지도 모른다. 만약 찰스 머레이Charles Murray가 종곡선에서 주장하듯이 아이큐가 절대적으로 유전에 의해 결정된다면 사람들이 자신의 삶을 책임지려 노력할 필요가 있을까? 사람의 감정이 화학적으로 결정된다면, 즉 사람이 느끼는 감정이 단지 뇌에 신호를 보내는 몇 가지 호르몬의 작용 때문이라면 욕구나 능력은 아무 소용이 없는 것일까? 또 스스로의 감정과 반응을 의식적으로 통제하는 것이 불가능한 것은 아닐까? 물론 이런 주장이 과장이라고 생각할 수도 있다. 범죄를 저지르고 가족을 버리는 등 악행을 저지르는 사람들이 과학적 이론에 통달했을 리는 없다. 하지만 과학적 이론이 내포하는 도덕적인 메시지는 다양한 방식으로 소통된다. 예를 들어 나이키의 유명한 광고 문구 'Just do it'은 너무 깊이 생각만 하지 말고 행동에 옮기라는 의미로, 고등학교를 자퇴한 사람이 아닌 수준 높은 교육을 받은 마케터가 자신의 인생관을 반영해 만든 말이다. 영화 또한 사회상을 반영하는 데 요즘 할리우드 영화는 유독 폭력에 집착을 보인다. 물론 영화표를 한 장이라도 더 팔려는 의도겠지만 그렇다 하더라도 20년 전과 비교해 너무 폭력적이다. 왜일까? 영화 작가나 감독들이 발달된 과학 이론 속에 있는 무작위성과 절망의 개념을 영화에 반영시켰기 때문이다.

이런 이론들의 목적은 분명하게 드러나는 현상의 이면에 깔려있는 역사적 및 사회적 변화를 설명하려는 것이다. 만약 사람들이 변했다면 그 원인을 생각해 봐야 한다. 인간의 제도가 붕괴하고 종교가 쇠락했기 때문이라는 설명은 피상적인 변명에 불과하다. 제도와 종교가 붕괴하는 근본적인 원인이 있기 때문이다. 물론 역사적·사회적 변화에는 여러 가지 이유가 있겠지만 종종 경제 및 과학적 발전도 원인이 된다. 이들은 긍정적일 수도 있고 부정적일 수도 있다.

하지만 확실한 것은 사회를 구성하는 개인들의 행동에 항상 영향을 미친다는 사실이다.

| 패배가 뻔한 싸움

앞에서도 설명했듯이 미국에서 핵가족화와 맞벌이가 급격하게 증가된 데에는 여러 원인이 있다. 저축률은 여전히 낮고 달러화의 가치는 계속 하락하고 있다. 무엇보다 중요한 것은 미국 기업들이 생산 거점을 임금이 낮은 국가로 이전하는 아웃소싱이 계속되고 있어서 미국 근로자의 구매력은 감소되고 미국과 여타 국가에서 노조의 힘이 더욱 약해지고 있다는 점이다. 최근 미국 산업의 생산성은 개선되었지만 근로자의 임금은 그다지 오르지 않았다. 로버트 라이시Robert Reich 전 미국 노동부 장관은 생산성이 향상되었지만 근로자들의 지갑이 두둑해지지 않고 기업의 이윤만 상승했다고 주장했다. 이것은 맞는 말인 것 같다. 미국 상무부에서 발표한 자료인 〈그림 6-1〉을 보면 지난 40년간 기업의 생산량 대비 임금 수준이 확실히 하락 곡선을 그리고 있음을 알 수 있다. 근로자의 총보상(연금과 의료보험비 등 포함)은 한동안 거의 변함이 없었으나 1970년대 초반 이래로 5% 하락했고 지난 몇 년간 2%~3%나 하락해 로버트 라이시의 주장이 옳음을 입증한다.

전체 국가의 부에서 임금이 차지하는 비율이 하락하는 이유가 무엇일까? 이는 투자자들에게 어떤 영향을 미칠까? 세속적인 변화가 일어나는 이유는 다양하지만 그중에서 몇 가지는 특히 중요하다. 베를린 장벽이 무너진 시점과 거의 같은 때 세계 무역 정책이 자유화되었고 자본시장이 세계화되었으며 1990년대가 되자 노동은 대체 가능한 재화로 전락했다. 일례로 1950년대 아이젠하워가 '나는 아이크Ike(아이젠하워의 애칭)를 좋아해' 라는 선거 캠페인을 통해 대통령

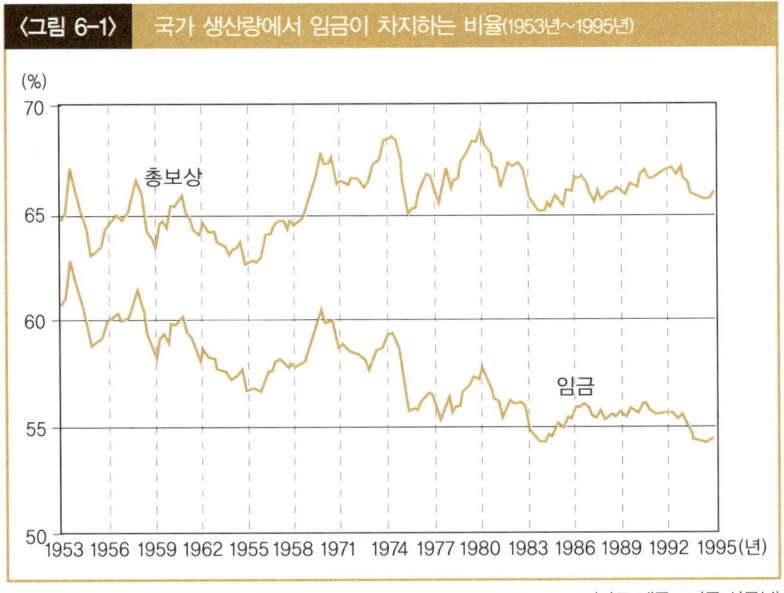

〈그림 6-1〉 국가 생산량에서 임금이 차지하는 비율(1953년~1995년)

(자료 제공 : 미국 상무부)

에 당선되었을 때 오직 디트로이트에서만 자동차가 생산되었다. 근로자들은 노조에 가입되어 있지 않고, 디트로이트가 아닌 다른 지역, 예를 들어 미시간에 살고 있는 사람이 크라이슬러 생산 공장에서 일할 가능성은 추호도 없었다. 당시의 근로자들은 이른바 코스트 푸쉬 인플레이션(비용 인상 인플레이션)을 일으킬 수 있는 능력이 상당했다. 그들은 자본을 독점했기 때문이다. 하지만 변화가 일어나기 시작했고, 1989년 베를린 장벽 붕괴는 막 시작된 변화를 더욱 가속화시켰다. 자유무역정책과 세계화된 자본시장 덕분에 기업들은 원하는 곳이면 어디에나 상점을 열 수 있었고, 무엇이든지 만들 수 있었다. 미국 내 값비싼 제조업 근로자들은 훨씬 적은 임금을 받는 개도국 근로자들로 대체되었는데 이들 중 상당수는 최저임금을 받았다. 그 결과 전 세계는 부유해졌지만 근로자들은 가진 자와 못 가진 자로 분화되었고 미국의 중산층이 줄어들기 시작했다.

실질임금의 하락으로 미국은 다른 선진국 무역 파트너들보다 경쟁력을 갖게 되었다. 임금뿐만 아니라 달러 가치까지 하락했고, 게다가 컴퓨터나 통신기기 등 새로운 기술의 광범위한 사용으로 생산성은 증가했다. 〈표 6-1〉을 보면 미국이 경쟁력 부분에서 최고를 차지하고 있다.

문제는 경쟁력의 성장이 전반적으로 근로자의 희생을 통해 가능해졌다는 점이다. 기업은 몸집을 줄이고 있고 기술 발전 덕분에 근

⟨표 6-1⟩ 세계 국가 경쟁력 보고서(1위~20위)

1 미국	6 독일	11 대만	16 핀란드
2 싱가포르	7 네덜란드	12 캐나다	17 프랑스
3 홍콩	8 뉴질랜드	13 오스트리아	18 영국
4 일본	9 덴마크	14 호주	19 벨기에, 룩셈부르크
5 스위스	10 노르웨이	15 스웨덴	20 칠레

(자료 제공 : 국제경영개발원)

로자들의 이전이 가능해졌으며 인수나 합병을 통해 규모의 경제를 이룰 수 있었다. 이 모든 것들이 근로자의 임금을 끌어내리고 있다. 1995년 체이스맨해튼 은행Chase Manhattan Bank이 케미컬 은행Chemical Bank과 합병했을 때 직원 12,000명이 즉시 해고당한 일이 있었다. 그 후 미국 노동시장에서는 CEO들이 마음만 먹으면 언제든지 직원을 해고할 수 있다는 공포가 만연하였다. 이 때문에 노조에 가입되어 있는 근로자나 그렇지 않은 근로자들 모두 제약을 받았고, 주주들은 근로자를 희생시켜 더 많은 이득을 얻었다.

그런데 노동직 근로자만 고통 받고 있는 것은 아니다. 대부분의 신문이나 잡지 기사에서는 세계화가 저소득층 및 중산층 근로자에게 미치는 악영향만을 강조하고, 교육 수준이 높고 부유한 근로자들은 오히려 저소득층 근로자의 희생 덕분에 혜택을 본다고 비난한다. 고소득 근로자들 중 주식, 채권 등의 금융자산을 상당히 많이 가지고 있는 사람들은 세계화의 혜택을 볼 수 있겠지만 그렇지 않은 대다수의 사람들은 세계화로 삶의 위협을 느끼고 있다. 파일럿, 엔지니어, 변호사, 의사들도 세계화의 여파를 느끼고 있다. 다만 이들은 조금 안전한 구조선에 탑승한 정도에 불과하다. 이들의 삶의 질은 위협받고 있으며 자신의 임금을 올릴 수 있는 기회가 한정되어 있다. 아담 스미스의 보이지 않는 손은 모든 미국인에게 작용하고 있다.

세계적인 악당

방글라데시의 값싼 노동력이 미국 필라델피아의 의사들과 어떤 관련성이 있을까? 의료서비스야말로 정말 순수하게 지역적인 상품인데 말이다. 그 이유는 무역의 세계화와 자유로운 국제자본시장 때문에 모든 국가가 다른 국가와 경쟁 상태에 놓여 있기 때문이다. 물론 1700년대에도 국가 간 경쟁은 존재했다. 하지만 1990년대 자유무역은 이들 경쟁에 불을 지폈다. 미국은 여러 국가들 속에서 경제적인 우위를 유지하기 위해 정책적으로 낮은 인플레이션을 추구하고 상대적으로 안정된 통화를 유지하며 투자율을 높이려 한다. 이 3가지 목표를 달성하기 위해서는 반드시 정부 예산의 균형을 맞추어야 한다. 적어도 미국의 주요 무역 파트너들보다 무역 적자가 적어야 한다. 정부 예산을 줄이기 위해서는 가끔 힘든 선택을 해야 할 때도 있는데, 현재 공화당 하원이 이 막중한 임무를 맡고 있다. 과거 민주당이 다수당일 때는 민주당도 같은 입장이었다. 일례로 1994년 힐러리케어Hillary Care(클린턴 대통령의 의료보험 개혁안)가 상정되었으나 거부되었고, 1년 후 메디케어와 메디케이드 의료 비용에 대해 심한 비난이 쏟아진 것도 다 예산을 줄이기 위해서였다.

세계화 속에서는 정부뿐만 아니라 개별 산업 또한 경쟁력을 유지하고 비용을 줄이기 위해 고군분투하고 있다. 의사들이 혐오하는 미국의 HMO 의료보험은 정부의 관료주의가 아니라 민간업계가 창조해 낸 결과물이다. 정부와 기업이 모두 눈덩이처럼 불어나는 의료비용에 대한 지불을 거부하면서 의사들은 스스로 인식하지도 못하고 이해하지도 못한 채 피해자가 되고 있다. 의사뿐만 아니라 교사나 교수 등 여타 전문직 근로자의 임금 또한 세계적인 경쟁에서 비롯된 금융 자원의 한계로 제약받고 있다. 대학은 비용의 상당 부분을 학생들이 내는 등록금으로 충당하고 있는데, 지난 10년과 달리 대학 등록금이 두 자리대 성장을 기록하기는 힘들 것이다. 심지어 운동선수들도 세계화의 영향을 받고 있다. 1994년부터 1995년까지 미국 메이저리그에서는 파업이 장기화되어 정규 시즌이 단축되었다. 그 원인은 구단주, 야구팬들, 방송국들이 그저 그런 선수는 물론이고 스타플레이어들에게조차 수백만 달러나 되는 막대한 연봉을 제공할 여유가 없는 현실 때문이었다. 야구 선수들이 공만 잘 치면 마음대로 연봉을 요구할 수 있었던 전성기는 이제 끝나버렸다.

앞의 예에서 보듯이 자유무역의 영향으로부터 자유로운 근로자는 없다. 노동직이나 전문직이나 모두 마찬가지다. 경제학자들은 노동의 종류를 분화하고 교육 수준이 낮은 단순직 근로자와 숙련된 전문직 근로자를 구분하는 데 혈안이 되어 있지만, 이들 모두가 세계화의 영향을 받고 있다는 사실은 부정할 수 없다. 파일럿, 의사, 펀드매니저, 심지어 정부 보조금으로 의료서비스와 사회보장서비스를 받는 은퇴자들도 마찬가지다. 지금의 세계화 시대는 과거와는 많이 다르다. 이처럼 세계화는 고용을 불안정하게 하고 임금과 복지 혜택을 감소시키는 등 부정적인 결과를 낳는다. 하지만 긍정적인 부분도 있다. 임금 상승에 대한 압력이 줄고, 덕분에 인플레이션 압박이 감소해 미국을 비롯한 여러 국가들이 경제적 번영을 이룰 수 있었다. 창조적 파괴는 자본주의의 핵심이기 때문에 어쩔 수 없이 감수해야 한다. 따라서 향후 몇 년간은 의사든 변호사든 심지어 인디언 추장이든 자본주의의 새로운 국면을 맞아 여러 도전 과제에 직면할 것이다.

| 세계화의 부작용에 맞서 싸우다

　지금의 추세를 바꿀 수 있을까? 20세기 초반 헨리 포드Henry Ford가 발표한 '5달러 해결책'을 생각해보자. 어느 날 헨리포드는 디트로이트 자동차 공장 근로자의 일당을 2배나 올려 5달러를 지급하겠다고 발표했다. 그래서 포드의 근로자들이 포드 자동차를 구매할 수 있게 하겠다는 것이었다. 겉보기에는 놀랍기 그지없었지만, 실은 19세기의 경제학자 J. B.세이J. B. Say가 주장한 공급이 수요를 창출한다는 '세이의 법칙'을 따른 것뿐이었다. 단순히 근로자들에게 잘해주려는 의도만 있는 것은 아니었다. 게다가 당시 자동차 생산 라인의 혁신은 기업의 생산성을 크게 향상시켰고, 헨리 포드는 어마어마하게 증가한 수익 중 일부를 직원들에게 나누어 주고 남은 돈으로도 만족할 정도였다. 하지만 1990년대 세계화 추세 속에서 헨리 포드의 도박은 불가능했다. 영향력이 큰 컴퓨터, 반도체, 소프트웨어 기업에서 비슷한 전략을 실행한다고 상상해보자. 다른 경쟁사들이 근로자의 임금을 동결하고 생산 단가를 낮추는 방식으로 이 전략을 악용하려 들 것이다.

　결국 해당 기업은 이른바 헨리 포드의 '5달러 전략'을 포기할 수밖에 없을 것이다. 빌 클린턴 대통령과 당시 노동부장관인 로버트 라이시가 '5달러 전략'을 응용해 근로자의 최저임금을 인상한 적이 있었다. 또 근로자에게 직업훈련과 교육을 제공해 숙련된 기술을 요

경제학 기초 자유무역주의 VS 보호무역주의

> 보호무역에 비교해 자유무역이 가져다주는 전반적인 혜택에 대해서는 거의 논란의 여지가 없을 정도이지만, 일부 개인이나 집단이 다른 사람들에 비해 더 많은 혜택을 누리는 것도 사실이다. 예를 들어, 미국에서 제조한 컴퓨터를 중동의 원유 혹은 중국의 소프트 상품soft goods(비내구성 소비재)과 교환한다면 누구나 만족하는 윈윈게임이 가능해진다.
>
> 하지만 이 과정에서 기업(혹은 자본)이 근로자(임금)보다 더 많은 혜택을 받는다는 사실을 뒷받침하는 증거가 속속 나타나고 있다. 미국 제조업체가 임금이 저렴한 다른 국가에서 생산을 늘리면, 미국 내 고소득 일자리는 단기적으로나마 외국으로 이전된다. 이 때문에 미국 근로자들은 임금 인상을 요구할 수 있는 협상력을 잃게 되고, 그 결과 외국 근로자들의 저렴한 임금 수준이 미국 노동시장에도 적용된다. 이런 상황은 물론 기업의 이익을 높이는 반면 인플레이션을 낮게 유지하는 데 도움이 되지만, 지난 10년간 실질임금이 쥐꼬리만큼 상승하도록 만든 주원인이다. 해결책은 팻 뷰캐넌의 말처럼 무역 장벽을 높이는 것이 아니라, 노동시장의 하부에 위치한 근로자들에게 세금을 감면해주거나 아예 없애주는 것이다.

구하는 고소득 직종에 종사할 수 있게 하는 한편, 정책의 효율성을 저해하는 공공기관의 관행을 없애려 했다. 이들 정책이 얼마나 효과가 있었는지는 알 수 없지만 그래도 장기적인 해결책이었다. 일부에서는 무역 장벽을 높이고 관세를 올려 실질임금을 높여야 한다고 주장한다. 물론 단기적으로는 이런 방법들이 실질임금을 상승시키겠지만(미국의 노동조합들과 미국 극우 보수주의자, 패트 뷰캐넌Pat Buchanan은 확실히 그렇다고 믿고 있지만) 근본적인 원인은 도외시한 모호한 해결책에 불과하며 앞으로 몇 년간은 시행될 가능성도 적다. 게다가 어느 쪽도 중산층이나 저소득층에게 세금 혜택을 제공하지 못하기 때문에 세후 임금을 크게 개선시키지는 못한다.

세계화의 부작용과 이들이 채권시장에 미치는 영향에 대해서 토론하다보면 당연히 그 해결 방법을 생각하게 된다. 정치인들에게 비난의 화살을 돌리거나 실제 혁명은 내부에서 시작된다면서 목소리를 높일지도 모른다. 하지만 수많은 사람들이 수많은 의견을 내놓는다고 해서 점점 벌어지는 빈부격차를 완전히 해결할 수는 없다. 정부가 부분적으로나마 해결할 수 있기는 한 걸까?

나는 최저임금을 올리고 근로자에게 교육을 제공한 클린턴 정부의 해결책은 실효성이 떨어진다고 생각한다. 지하철 레일도 제대로 놓을 줄 모르는 정부가 경제에 대해서 무엇을 할 수 있을까? 정부가 할 수 있는 최선의 방법은 자본이 가장 생산적인 분야에 집중될 수 있도록 시장의 힘에 모든 것을 맡기고 관료주의가 개입하지 않도록 하는 것이다. 이것이야말로 소비에트 공화국의 붕괴와 서구 유럽 사회주의 정부들의 시행착오를 보면서 배운 교훈이 아닌가?

반면 패트 뷰캐넌과 공화당 우파들은 미국인들의 일자리를 지키기 위해서는 무역 장벽을 세우고 관세를 높여서 이민을 막아야 한다고 믿고 있다. 그렇게 말할 수 있다니 참 뻔뻔하다 싶기도 하고 경제적인 논리는 마치 사이비종교 같아서 불쾌할 정도다. 무역을 줄이거나 세금과 마찬가지인 관세를 높인다고 경제가 발전하지는 않는다.

자유 시장 경제의 긍정적 효과를 활용하는 동시에 사회의 빈부격차를 해소하기 위한 유일한 정책은 저소득층에 대한 세금 감면 정책이다. 예를 들어 일 년에 25,000달러 이하 소득자들의 세금을 아예 없애는 것이다. 저소득층의 세후 임금 하락으로 인한 문제를 해결하기 위해 이처럼 간단하고 효과적이며 쉬운 방법이 있을까? 자본소득에 대한 세금 감면까지 바라지는 마라. 주주들은 이미 다른 사람들보다 많은 몫을 챙겨왔다. 아이 양육비 명목으로 500달러의 세금을 환급해주는 부양가족 세금 공제도 바라지 마라. 이것은 피가 철철 나는데 지혈대를 대어주지 않고 반창고를 주는 꼴이다. 공화당도 저소득층이 민주당의 전통적인 표밭이라고 나 몰라라 할 게 아니라 이들이 처한 삶의 질을 높이기 위해 노력하고, 한편으로는 자유무역과 낮은 과세 등 공화당의 정치 원칙을 지켜야 한다.

저소득층에 대한 세금 감면보다 더 나은 해결책은 적어도 앞으로 몇 년간은 찾기 힘들 것이다. 생산성이 최근 추세대로 향상되면 실질인플레이션을 고려한 임금 수준도 어느 정도는 상승할 것이다. 하지만 기업이 생산 기지를 다른 국가로 이전할 수 있는 능력이 있고 미국의 최저 임금보다도 적은 돈을 받으면서 기꺼이 일을 하려는 개도국 근로자들이 존재하는 한, 미국 근로자들의 미래는 그리 밝지 않다. 적어도 21세기 초반까지 상황은 크게 달라지지 않을 것이다.

그렇다면 국가, 경제, 투자시장에는 어떤 의미일까? 앞으로 미국의 근로자들이 햄버거를 굽는 것 같은 간단한 일에 만족해야 한다는 뜻은 아니고, 또 그럴 수도 없다. 토크빌Tocqueville, 제퍼슨Jefferson을 비롯한 다른 정치 철학자들이 지적했듯이 미국의 민주주의는 매우 미묘하게 균형 잡힌 체계다. 미국의 민주주의는 '모든 사람이 평등하다' 는 개념이 아니라 '모든 사람에게 공평한 기회가 주어진다' 는 인식에 기반을 두고 있다. 역사적으로 미국에서는 저소득층의 어려움을 해결하기 위해 법적으로 공평한 경쟁을 보장해왔다. 그런데 지금은 다르다. 미국에서 만들어진 법으로 세계적인 경쟁에서 공평함을 보장할 수가 없다. 그 결과 평등한 기회란 개념이 사라지고 있다. 불평은 여기저기에서 터져 나온다. '일본은 미국 수출품을 금지하고 있어서 공정한 경쟁이 불가능하다', '인도는 아동 노동력을 사용하기 때문에 공평하지 않다', '멕시코는 미국과 같은 수준의 환경기준이 없어서 공평하지 않다' 등이다. 세계적인 기준으로 보았을 때 기회는 더 이상 공정하게 주어지지 않고, 이 때문에 미국 내에서조차 공정한 경쟁에 대한 인식이 흔들리고 있다. 적어도 경제 분야에서는 미국의 민주주의가 통제력을 상실하고 있으며 잠재적인 계층 간 전투와 좌절, 불만, 폭력 등을 유발하고 있다. 그리 좋은 모습도 아니고 장밋빛 미래도 아니다. 이런 와중에 권위주의적인 지도력이 해결책으로 비춰진다면 미국의 민주주의 자체가 위험해진다.

| 임금 하락이 만들어내는 세속적인 결과

고용 시장에서 장기적으로 약세가 지속되면 결국 소비가 감소한다. 지난 수십 년간 소비를 뒷받침해 오던 개인소득은 과거에 훨씬 못 미치는 증가율을 기록할 것으로 예상된다. 임금 성장이 더디면 구매력도 제한을 받는다. 장기적인 저임금 추세, 사상 최고 수준인 개인 부채(〈그림 6-2〉 참조), 전체 인구에서 20대가 차지하는 비율의 감소, 향후 5년~10년간 계속될 저축 인구의 증가 이 4가지 조건은 앞으로 소비 성장률이 둔화될 것이라는 증거다.

지금처럼 강력한 경제 조건과 자본시장의 자경단원(3장 참조)들의 노력이 혼재했던 적은 거의 없었다. 이 때문에 국가 및 세계경제는 앞으로 한동안은 다시 팽창할 여력이 없다. 미국의 소비 및 소매 매출은 거의 늘지 않고 평균 3%의 성장을 보일 것으로 예상된다. 명목 GDP도 같은 기간 약 5% 성장률을 기록할 것이다. 미국뿐만 아니라

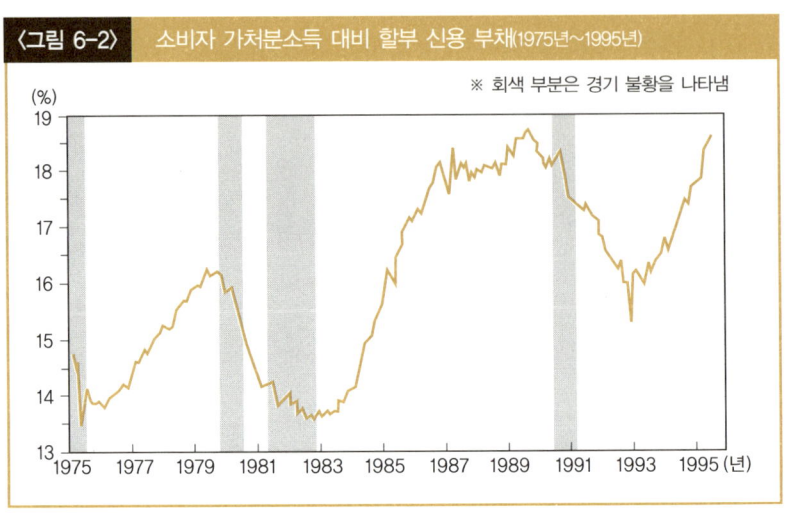

(자료 제공 : 미국 상무부, 연방준비제도이사회)

다른 여러 국가에서 인플레이션은 2%대로 유지될 것이다. 〈그림 6-3〉을 보면 멕시코와 몇몇 이머징마켓을 제외한 대다수의 국가에서 인플레이션이 지난 수십 년 동안과 비슷하게 낮은 수준을 유지하고 있는데, 이는 전혀 신기한 일이 아니다.

앞으로 경기 둔화는 마치 오늘의 특별 요리처럼 우리 경제 속에 자리를 잡을 것이다. 따라서 빠른 경제성장만 걱정하던 경제학자나 펀드매니저는 상황을 이해하기 힘들지도 모르겠다. 임금을 강제로 올릴 수도 없고 돈을 더 빌릴 수도 없다. 인구학적 변화 때문에 저축은 증가하고 소비는 하락할 것이다. 따라서 경기 성장 둔화를 피할 방법은 없다.

만약 돈을 꽤 잘 버는 사람이라면 그저 앉아서 지켜보기만 하면 된다. 인플레이션이 2%인 미국과 유럽에서 채권시장은 꽤 매력적인 투자처로 각광받을 것이다. 먼 훗날 역사는 현재의 경제가 가난한 사람들보다는 부자들에게 더 우호적이었다고 기록할지도 모르겠다. 그러지 않아도 차이가 컸던 빈부격차가 더욱 악화되고 미국 사회와 가치의 붕괴가 가속화될 것이다. 반면 저축과 투자를 할 여유가 있는 사람들은 냉랭하고 피할 수 없는 이 변화를 잘 활용해야 한다. 아담 스미스의 보이지 않는 손에 의존한다고 해도 이 모든 문제를 단번에 해결할 수는 없다. 가족과 종교에 기대어 앞으로의 어려움을 이겨내자. 그리고 마지막으로 정부에(그렇다, 정부가 가장 마지막이다) 기대를 걸어보자.

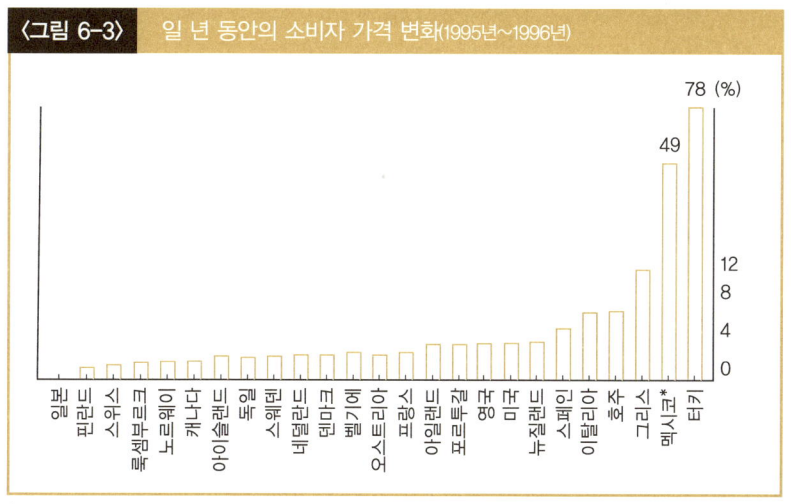

〈그림 6-3〉 일 년 동안의 소비자 가격 변화(1995년~1996년)

*서부

(자료 제공 : OECD 국가통계)

BILL GROSS ON INVESTING

Part 3

투자수익률 6%
시대의 투자법

● 무엇보다 투자는 심리적인 기술이라는 점을 명심하기 바란다. 가장 안전한 접근 방법은 자아를 누르고 탑다운 방식의 장기적인 시각을 갖는 것이다. 스스로의 성향을 미리 파악하고 투자 알람시계를 제 시간에 맞추어 놓으면 때때로 자신의 자아를 누를 수 없을 때 도움이 될 것이다.

Chapter 7

투자에서 감정을 배제하자
투자 알람시계를 맞춰라

• • •

나는 귀도 사두시Guido Sarducci 신부(미국의 한 유명 코미디언이 만들어 낸 가상의 가톨릭 신부)처럼 가짜 신자다. 오하이오 미들타운에 있는 한 장로교회 주일학교에서 설교도 듣고 3년 개근 배지도 받았지만 여전히 무늬만 신자다. 그래도 나와 달리 독실한 신자인 아내와 막내아들 닉을 데리고 캘리포니아 라구나 해변에서 열리는 주간 미사에 빠지지 않고 참석하고 있다. 이제 8살인 닉도 신앙심이 깊은 편은 아니다. 지난주에는 닉이 교회 의자에 앉아 제 엄마에게 만약 하나님께 자신의 소원을 하나 들어주신다고 한다면 교회에 안 가도 되게 해달라고 빌겠다고 말했다. 아마도 내 유전자가 대물림되어 그 녀석도 꼬마 귀도 사두시 신부인가보다. 하지만 닉은 아직 어려서 나처럼 담배를 뻐끔거리거나 이탈리아 억양으로 귀도 사두시 신부를 흉내내지는 않는다.

뜬금없이 우리 가족의 종교 생활을 언급한 이유는 종교나 교회처럼 주관적이고 감정적인 주제를 객관적으로 관찰할 수 있다면 특정 그룹 내에서 아웃사이더가 되는 것이 간혹 즐거움으로 다가오기 때문이다. 지난 몇 년간 세인트 캐서린 교회에 다니면서 나 또한 그런 즐거움을 누렸다. 처음에는 교회에 오는 사람들의 옷차림을 보고 깜짝 놀랐다. 물론 라구나 비치가 미국에서 유명한 서핑 도시이기는 하지만 짧은 반바지에 T셔츠 차림으로 미사에 참석하는 사람들을 보고 적잖이 놀랐다. 캐주얼 재킷이나 넥타이를 맨 남성이나 그와 비슷한 정도로 차려입은 여성이 드문드문 눈에 띌 정도다. 게다가 복사(예배 때 사제를 도와서 시중드는 사람)는 에어조단을 신는다! 만약 이들이 일요일 아침 교회나 성당에 갈 때 입는 가장 좋은 옷이라고 생각하고 차려입은 것이라면 미국 사회는 내 생각보다 훨씬 빠르게 타락하고 있는지도 모르겠다. "예수님도 샌들을 신으셨다"라고 한다면 할 말은 없다. 하지만 교회나 성당은 신에 대한 존경심을 표하는 자리이고, 따라서 신 앞에서 내 자신을 겸허하게 보이려면 정장을 말쑥하게 빼입지는 못하더라도 어느 정도의 예의는 갖추어야 한다고 생각한다.

사람들의 복장이야 그렇지만, 예배 자체는 약간 삐딱한 내가 보기에도 매우 감동적인 의식이다. "독생자 예수 그리스도여, 우리의 죄를 사하여 주시옵소서"라는 찬송을 들을 때마다 매번 눈물이 날 것 같다. 신앙심을 경험하고 이웃과의 유대감을 느끼고 싶은 사람은 예배나 미사에 참석해 주기도문을 외우고 옆 사람들과 악수를 해보라고 권하고 싶다. 악수를 하면서 서로에게 "평화가 함께 하시길"이라며 덕담을 하는데, 이 말은 모든 사람들이 신의 존재 속에서 특별한 위로를 찾기 바란다는 진실한 열망, 바람, 기쁨이 담겨 있는 일종의 주문이다. 그런데 내 아들 닉은 이런 기분을 느끼기보다는 얼마나 많은 사람과 악수를 했는지 세는 데 더 혈안이 돼 있다. 우리 부부는 아들 녀석이 선거 유세에 나선 정치인처럼 악수를 해대면서 교회 이곳저곳을 누비지 못하게 하느라 버거울 정도였다. 지난주 일요일, 닉이 "아빠, 오늘은 11명과 악수를 했어요!"라고 외쳤을 때 나는 웃어야 할지 울어야 할지 아니면 닉을 정치판에라도 내보내야 할지 갈피를 잡을 수 없었다.

그 외에도 가톨릭은 장점이 많다. 최근 사회적인 문제를 해결해야 한다는 미명하에 총기 사용을 제한하고 형량을 늘리는 방향으로 형법이 강화된 후 더욱 그런 생각이 든다. 물론 내가 총기 사용을 제한하고 형량이 늘리는 데 반대하는 것은 아니지만 이런 방법은 미봉책일 뿐이다. 가족이 분열되고 종교에 대한 존경심이 약화되면서 생겨난 오랜 상처에 반창고를 붙이는 것과 같다. 최근 『뉴욕타임스』의 보도에 따르면 미국 사회에서 가톨릭 학교가 성공을 거두는 원인은 높은 도덕심과 목적의식 때문이라고 한다. 기사는 가톨릭에 대해서도 많은 정보를 제공했고 가톨릭 학교의 교사들은 스스로를 교육에 종사하는 전문가라기보다는 멘토나 롤모델이라고 생각하고 있다고 보도했다. 그리고 무엇보다 중요한 점은 가톨릭 학교가 요즘 공립학교에서는 도외시되고 있는 인간의 존엄성과 타인에 대한 배려를 강조하고 있다는 점이다. 물론 가톨릭 학교라고 무조건 다 좋지는 않겠지만 현대사회가 워낙 혼잡하고, 정치인들은 단호한 척하며 저급한 법안을 통과시키는 상황에서 미국인들이 아직 도덕적 근본을 종교에 두고 있다는 사실을 아는 것만으로 마음이 따뜻해졌다. 우리 동네 가톨릭 신자들이 그럴싸한 바지를 입고 농구화가 아닌 얌전한 신발을 신고 성당 미사에 참석한다면, 나도 담배나 뻐끔거리면서 이탈리아 억양으로 말하는 귀도 사두시 신부 흉내는 그만두고 정말 독실한 신자로 거듭날지도 모르겠다.

| 투자자의 심리

나는 세인트 캐서린 성당에 발을 들여놓는 순간마다 내면의 고요함을 경험한다. 그리고 곧 나 자신을 돌아보게 된다. 성당은 내 스스로를(그리고 아마 하나님에 대해서도) 알게 되는 놀라운 곳이다. 유형의 투자시장 속에서도 나 자신과 신에 대해 깨닫는 것은 결코 나쁘지 않다. 이제 종교 이야기는 이쯤에서 접어두고 원래의 목적으로 돌아와 지금부터는 인간의 본성과 투자 심리에 대해 말해 보려 한다. 이 책의 앞부분에서는 여러 가지 경제의 원리에 대한 설명을 했다. 지금부터는 버틀러크릭 시대, 즉 투자수익률 6%시대의 투자법에 대해서 설명하겠다.

투자에는 몇 가지 기본 원칙이 있다. 먼저 무엇을 해야 하고 금융시장의 구불구불한 강을 어떻게 헤쳐 나갈지를 알아야 한다. 즉 투자에 대한 지식이 있어야 하고 투자 방법에 대해서도 알아야 한다. 그래야만 거시경제정책과 주식, 채권, 뮤추얼펀드 등 복잡한 투자상품에 대해서 쉽게 이해할 수 있다. 또한 기업의 재무 상황과 이와 관련된 최신 정보에 대해서도 잘 알고 있어야 한다.

이 모든 요소들이 투자 방정식에서 각각의 부분을 차지하기 때문에 지금부터 이들 요소에 대해 여러 장에 걸쳐 상세하게 설명하겠다. 먼저, 객관적인 지식이 필요하다. 그러나 그것만으로 만사형통은 아니다. 카레이서가 아무리 매뉴얼을 잘 숙지했다고 하더라도 능숙하게 드리프트를 하려면 자신이 알고 있는 지식을 몸으로 실행할 줄도 알아야 한다. 적절한 타이밍을 잡아야 하고, 자신 있고 대담하게 해내야 한다. 이 모든 요소가 결합될 때 카레이서는 훌륭하게 드리프트를 해낼 수 있다. 투자를 할 때도 마찬가지다. 투자도 '어떻게' 해야 할지, 즉 투자 방법을 알아야 한다. 투자에 대한 지식을 쌓을 때와 마찬가지로 투자 방법을 알아내는 데도 꽤 많은 노력과 시간이 요구된다.

투자에서 '어떻게'는 심리적인 부분이다. 객관적이라기보다는 주관적인 문제여서 외부 환경이 아닌 스스로에 대한 파악이 필요하다. 투자에 성공하려면 정신과의사와 상담이라도 하라는 의미가 아니다. 다만 투자자 스스로가 자신의 성향이나 기호를 알고 있어야 한다는 뜻이다. 그 정도는 해야 성공적인 투자라는 거대한 퍼즐을 다 맞추기 위해 필요한 퍼즐 한 조각을 얻은 것이다. 그런데 이는 오랜 경험과 스스로에 대한 성찰을 통해서만 얻어진다.

나의 투자 멘토이자 1920년대 유명한 트레이더였던 제시 리버모어는 그 누구보다 투자 심리를 잘 표현해 냈다. 그는 "실제 상황에서 투자자는 여러 가지 어려움을 이겨내면서 올바른 방향을 잡아야 하는데, 그중에서도 무엇보다 자신을 이겨내야 한다"고 말했다. 정말 정확한 표현이다. 우리는 모두 인간이기 때문에 투자를 하면서 어쩔 수 없이 감정의 롤러코스터를 경험한다. 시장이 잘나갈 때는 느긋하고 탐욕스러워지며 반대인 경우에는 공포를 느낀다. 〈그림 7-1〉은 투자 포트폴리오 상의 모든 결정에 영향을 미치는 투자자의 심리 상태를 한눈에 보여준다.

비결은 추처럼 움직이는 시장에서 자신의 위치를 파악하는 것이다. 욕심을 부리다가는 도를 넘어서기 쉽다. 반면에 시장이 하락할까 전전긍긍하다가는 투자 기회를 놓친다. 가격이 폭풍처럼 상승한 다음에야 기회를 놓쳤음을 깨닫고 후회한다. 리버모어의 말처럼 투자자는 자신을 이겨내야 한다. 감정이 최대한 배제된 심리 상태를 만들어내야 한다. 영화 「스타트랙」의 미스터 스팍(영화 「스타트랙」의 주인공으로 감정이 없는 벌칸 종족이다)처럼 감정을 없애야 한다. 투자 세계의 벌칸 종족이 되어야 한다. 그래야만 극단적인 탐욕과 공포를 떨쳐내고 현실에 더 잘 대응할 수 있다. TV시리즈 「드라그넷Dragnet」에서 형사 역을 맡은 잭 웹Jack Webb이 "단지 사실만을 보세요"라고 늘 말했던 것처럼 주식이나 채권을 사고 팔 때도 '사실' 만 봐야 한다. 스스로의 감정을 배제하면 투자에 성공할 가능성이 훨씬 높아진다.

'자신'을 배제하는 방법 중 하나는 가능한 감정에 휩쓸리지 않는다는 투자 철학을 갖고 이를 따르는 것이다. 뱃살을 빼기 위해 다이어트 계획을 짠다고 가정해 보자. 일단 다이어트 식단을 시작해야 한다. 우리를 유혹하는 고칼로리 음식을 몰래 숨겨놓고 먹지 말고 모두 내다 버려야 한다. 그리고 가족과 친구들에게 다이어트를 시작했다고 말하고 이들의 도움을 받는 것도 좋다. 언제까지 어느 정도의 체중을 감량할지 목표일과 목표 수치를 정해 스스로에게 동기를 부여하고 노력에 박차를 가한다. 성공하기 위해서는 미스터 스팍처럼 생각하면서 계획을 세우자. 가혹할 필요까지는 없다. 다만 벌칸 종족처럼 감정 따위는 잊어버리고 일에만 집중하면 된다.

자아를 버려라

투자를 할 때도 마찬가지다. 투자를 하면서 스스로의 감정을 배제하기 위한 최선의 방법은 앞에서(2장) 설명했듯이 장기적이고 세속적인 관점을 갖는 것이다. 경기 사이클에 따라 계속 달라지는 3개월~5개월의 단기적인 변화에 연연하기보다는 3년~5년 정도를 내다보는 장기적인 시각을 가지고 있으면 투자를 하면서 당연히 수반되는 심리적인 불안을 어느 정도 이겨낼 수 있다. 장기적이고 근본적인 변화는 적게 발생하지만, 단기적인 경제 혹은 금융시장의 향방은 변화에 민감하게 반응한다. 변화는 사람들의 감정을 위협한다.

사람들은 자신의 생각이 틀렸다는 사실을 깨달으면 자아에 상처를 입는다. 한때 좋은 투자 종목이라고 생각해서 투자를 했는데 지금 성과가 그리 좋지 않다면 탐욕과 공포 사이를 오가는 감정의 추가 갑자기 빨리 움직이기 시작한다. 통계가 발표되고 가격이 등락을 거듭할 때마다 감정의 기복이 커지고, 최악의 경우 마치 뇌사 상태에 빠진 것 같은 기분을 느끼기도 한다. 투자자들은 탐욕이나 공포의 정점에서 항복하거나 그 과정에서 너무나 지쳐서 전문가만 투자에 성공한다고 단정해 버릴지도 모른다. 그러나 그렇지는 않다. 펀드매니저들도 장기적인 계획을 가지고 있지 않으면 곧잘 투자에 실패하곤 한다.

　나의 투자접근법은 이렇다. 먼저 3년 이상의 장기적인 시각으로

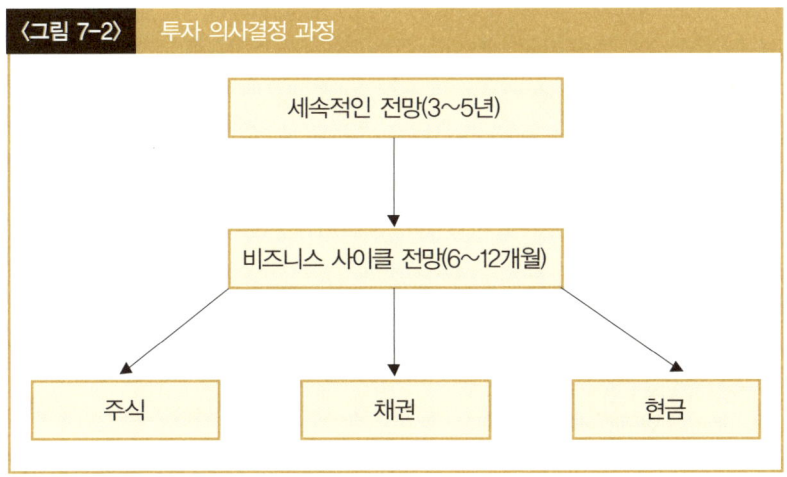

〈그림 7-2〉 투자 의사결정 과정

미국과 세계경제를 예측해 본다. 그 후에야 여러 요소를 고려하고 투자를 결정한다. 투자의 세계에서는 이런 접근법을 탑다운top-down 방식이라고 부른다. 〈그림 7-2〉에서 보듯이 세속적인 경제 전망을 갖는 것이 무엇보다 먼저고 여타 의사 결정을 그 다음이다. 앞에서도 언급했던 것처럼, 먼저 인플레이션의 향방을 가늠하고 경제가 성장할지 혹은 둔화될지 여부를 예측하며 기업의 장기적인 전망을 살펴야 한다. 투자자들은 벌칸 종족처럼 감정을 배제한 상태에서 향후 몇 년을 위한 로드맵을 만들어야 한다. 그 후 비즈니스 사이클 변화에 따라 로드맵을 수정하고 투자 포트폴리오를 세부적으로 조정해야 한다. 이렇게 만들어진 계획을 따른다면 감정에 구애받지 않고 스스로의 노력과 정보를 바탕으로 투자에 성공할 수 있다.

개인투자자들이 심리적인 부작용을 줄일 수 있는 또 다른 방법은 뮤추얼펀드에 투자하는 것이다. 사람들은 자신이 직접 통제하지 않고 있다고 생각할 때(이 경우에는 투자 포트폴리오를 직접 선택하지 않는다고 생각할 때) 걱정을 덜하게 되고 감정도 배제된다. 투자자들은 뮤추얼펀드에 투자한 금액에 대해서는 대략적으로 기억하는 데 비해 주식에 대한 투자는 세부적인 부분까지 기억하는 경향이 있다. 얼마에 주식을 샀고 팔았는지에 대해 정확하게 기억한다. 예를 들어, IBM 주식이 175달러로 최고가를 기록했던 1987년에 IBM주식을 구매한 투자자들은 이웃이나 친구들에게 주가가 다시 175달러만 되면 팔아

버리겠다고 말을 하곤 한다. 이는 감정적인 생각이다.

그런데 뮤추얼펀드의 경우라면 사람들은 달라진다. 예를 들어, 뮤추얼펀드를 23달러에 구매한 투자자들은 지금도 '가치가 그 정도겠지'라고 짐작하고 앞으로 향후 몇 년간의 주식시장 전망이 좋을 것이기 때문에 한동안은 놔두어도 괜찮을 것 같다고 생각한다. 이는 합리적인 탑다운 접근법이다. 뮤추얼펀드는 투자자들이 합리적으로 생각하도록 돕는다.

그렇다면 사다리형 채권투자, 달러코스트애버리징, 완전 투자(완전 투자가 무슨 뜻인지 나도 잘 모르겠다) 등 잘 알려진 투자법을 사용하면 어떨까? 이와 같이 일반화된 투자법은 최후의 수단이기는 하지만 그래도 늑대들이 우글대는 시장에 자신의 허약한 자아를 던져 넣고 감정의 추가 최고조 혹은 가장 바닥에 도달할 때마다 전전긍긍하는 것보다는 낫다. 또 3년 이상의 장기적인 시각을 가지고 이들 투자법을 활용하고, 장기적인 예측이 달라지면 약간씩 수정하는 것도 좋은 투자 방법이다. 하지만 이들 투자법을 맹신해서 다양한 정보 수집 노력이나 합리적인 투자 결정을 도외시해서는 안 된다. 상황이 좋지 않을 때마다 타조처럼 모래에 머리를 박아 넣고 현실을 부정하는 식의 태도는 버틀러크릭 시대에서 성공할 수 없다.

| 알람시계를 활용하라

　만약 탑다운 방식이니 뮤추얼펀드니 달러코스트애버리징이니 하는 투자 방법이 너무 지루하고 일반적이며 자신이 생각하는 수준의 수익을 실현할 수 없다고 생각하는 투자자들에게 나는 꼭 자신의 내면을 돌아보고 자신의 '자아'와 악수를 하라고 조언하고 싶다. 아무리 노력해도 투자를 하면서 자신의 감정을 완전히 배제할 수는 없다. 그렇기 때문에 적어도 '자신'에 대해 정확하게 인식하고 '자신'이 변화하는 환경에서 어떻게 대응하는지 알고 있어야 한다는 뜻이다. 만약 자신이 강세장의 최고조에서 혹은 약세장의 바닥에서 감정적으로 대응하고 있다는 생각이 들면 이를 경계하는 문구를 노트에 써서 집 벽, 부엌, 사무실에 붙여 놓아라. 중요한 순간에 올바르게 행동하고 있는 자신을 대견스럽게 생각하고 스타워즈의 미스터 스팍처럼 행동하라.

　하지만 더 나은 방법은 자신의 투자 알람시계를 활용하는 방법이다. 자신의 투자 알람시계를 미리 맞추어 놓고 그에 따라 행동하라. 모든 투자자들은 투자 알람시계를 가지고 있다. 투자 알람시계가 울리면 사람들은 잠에서 깨어 침대에서 몸을 일으키고 투자 결정을 내린다. 다만 각자의 알람시계는 각각 다른 시각에 맞추어져 있다.

현명한 투자자 사다리형 채권 투자와 달러코스트애버리징

사다리형 채권 투자전략이란 만기가 다양한 여러 채권을 구매하는 기술이다. 즉 단기, 중장기, 만기 채권으로 다변화된 채권 포트폴리오를 구성하는 방식이다. 예를 들어 미국 재무부 채권을 구매한다면 만기가 1998년, 2000년, 2002년, 2004년 등 여러 가지 채권을 구매한다. 이 채권들은 각각 하나의 사다리 계단을 구성한다. 1998년 채권이 만기가 되면 그 돈으로 만기가 훨씬 뒤인 재무부 채권에 재투자해 투자의 사다리를 이어나가면 된다.

반면 달러코스트애버리징은 이보다는 간단한데 일정 시간에 일정 금액을 투자하는 방식이다. 예를 들어 매달 월급에서 500달러를 떼어 투자하는 것이다. 이번 달에 채권이나 주식 가치가 상승했다면 같은 돈으로 구매할 수 있는 주식이나 채권의 수가 전보다 적어진다. 가격이 하락했다면 같은 돈으로 더 많은 주식이나 채권을 살 수 있다. 덕분에 시간이 지날수록 매입 단가가 평균화된다. 통계자료에 따르면 달러코스트애버리징 방식을 활용하면 장기적으로 같은 기간 동안 같은 주식에 투자한 다른 방식보다 평균매입단가가 낮아진다고 한다.

좀 더 자세하게 설명해 보자. 어떤 사람은 개인적인 스케줄이나 취침 시간을 고려하지 않고 무조건 알람시계를 맞추려고 한다. 일단 새벽 6시에 맞추어 놓으면 안전하다. 물론 약간의 개인차는 있겠지만 새벽 6시에 일어나면 아이들을 깨워 제 시간에 학교에 보낼 수 있다. 또 8시 반까지 사무실에 출근할 수도 있다. 심지어는 아이들

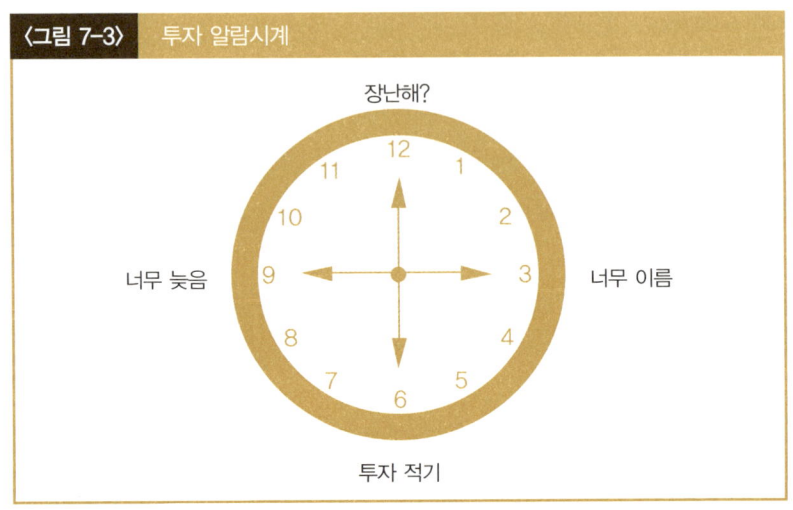

을 학교에 보내고 제 시간에 출근도 할 수 있다. 이처럼 새벽 6시는 대부분의 사람들에게 가장 합리적인 기상 시간이다. 마찬가지로 주식이나 채권을 사고파는 데도 최적의 시간이 있다. 투자의 알람시계도 가장 합리적인 시간인 새벽 6시에 울린다면 시장이 최고에 달했을 때 주식이나 채권을 팔고 바닥을 쳤을 때 주식이나 채권을 살 수 있다.

하지만 투자자들의 조그마한 자본주의적 뇌 속에는 감정과 그에 따른 공포, 탐욕 등이 뒤엉켜 있어서 알람시계가 새벽 6시에 울리는 경우가 거의 없다. 이 때문에 많은 투자자들이 시장이 거의 바닥에 다다랐을 때 손해를 감수하면서 주식이나 채권을 팔아 버린다. 더 이상 공포를 견딜 수 없기 때문이다. 따라서 시장은 바닥을 치고 상승하기 시작한다. 이들은 알람시계로 치면 오전 9시나 10시쯤 일어나는 것이다. 주식이나 채권을 너무나 늦게 팔아치웠기 때문에 성공과는 거리가 멀어진다. 반면 똑똑한 사람들은 이미 일어나 있다가 시장이 하락하기 시작할 때 주식이나 채권을 팔아 버린다.

일부에서는 투자자들이 이렇게 늦잠을 자는 이유가 정보 부족 때문이라고 생각한다. 하지만 최근에는 TV, 라디오, 인터넷 덕분에 투자자들은 과거보다 정보 습득이 쉬워졌고 손가락 하나만 까딱하면 많은 정보들을 얻을 수 있다. 문제는 많은 개인 혹은 전문 투자자들이 정보의 중요성을 간과하고 논리보다는 감정을 앞세운다는 것이다.

반면 일부 투자자들은 너무 일찍 일어난다. 이들의 알람시계는 새벽 3시에 맞추어져 있다. 물론 새벽 3시에 일어나도 돈은 벌 수 있기 때문에 괜찮다고 생각할 수도 있지만 너무 일찍 일어났기 때문에 나름의 대가를 치러야 한다.

투자자들이 가지고 있는 알람시계는 매일 같은 시간에 울린다. 따라서 투자자들은 자신의 알람시계가 언제 울리는지 알고 조절해야 한다. 자신의 시계가 아침 10시에 울린다면 4시간 빨리 울리는 새로운 알람시계를 사야 한다. 반대로 자신의 알람시계가 새벽 3시에 울린다면 알람을 끄고 스누즈 버튼을 몇 번이고 눌러가면서 6시가 되기를 기다려야 한다. 그리고 나서 투자 방아쇠를 당겨야 한다.

리버모어의 충고처럼 자신을 억누르면서 알람시간을 조정해 최적의 기상 시간인 새벽 6시에 일어나도록 해야 한다.

　나 또한 지난 20년간 투자 알람시계를 맞추어 왔는데 완벽하지는 않지만 꽤 쓸 만하다. 내 투자 알람시계는 대부분 4시 반에 울린다. 아주 일찍은 아니지만 그래도 다소 이른 감이 없지 않다. 특히 강세장이나 약세장 같은 변동성이 큰 시장에서는 약간의 손해를 볼 가능성이 있다. 그래서 나는 주식이나 채권을 사거나 팔기 전 스누즈 버튼을 몇 번 정도 누르곤 한다. 물론 스누즈 버튼을 누르면서 나는 될 수 있는 한 감정을 배제하고, TV드라마 「드라그넷」에서 잭 웹 형사가 누누이 말하듯이 사실에만 집중하려고 한다.

　무엇보다 투자는 심리적인 기술이라는 점을 명심하기 바란다. 가장 안전한 접근 방법은 자아를 누르고 탑다운 방식의 장기적인 시각을 갖는 것이다. 스스로의 성향을 미리 파악하고 투자 알람시계를 제 시간에 맞추어 놓으면 때때로 자신의 자아를 누를 수 없을 때 도움이 될 것이다.

Chapter 8

머리 가죽이 벗겨지지 않으려면

투자 다변화와 수수료 관리

• ∴ •

흔히 "무엇이든 잃어버리기 전까지는 그 가치를 알지 못한다"고들 말한다. 나는 이 말의 의미를 뼈저리게, 아니 마치 칼에 벤 것처럼 아프게 잘 알고 있다. 나는 늘 머리카락에 민감했다. 오래 전에는 머리카락이 아예 없었고 많았을 때는 뻗치기 일쑤였다. 지금부터 나만큼이나 머리카락을 소중하게 여기는 사람들에게는 꽤 재미있고 교훈적인 이야기를 해 보겠다.

나는 18살이 될 때까지 머리카락이 거의 없다시피 했다. 군인들처럼 머리를 짧게 자르고 군인들이 주로 쓰는 왁스를 듬뿍 바르고 다니곤 했기 때문이다. 1950년대에 나만큼 깡마르고 머리카락이 짧은 아이는 보기 힘들었다. 내 머리를 다듬어 주는 이발사는 가위를 사용하지 않았다. 가윗날로는 머리를 그 정도로 짧게 깎을 수 없기 때문이었다. 부모님이 헤어스타일과 관련해 나에게 주신 결정권이라고는 구레나룻을 남기겠냐는 정도였는데, 대학에 들어가 내가 스스로 헤어스타일을 결정하기 전까지는 그 말이 무슨 뜻인지도 잘 몰랐다. 대학에 입학한 첫 해에 비틀즈가 미국에서 인기를 끌기 시작했고 나는 대학 캠퍼스에서 처음으로 링고 스타Ringo Starr의 헤어스타일을 따라 하기로 했다(링고 스타까지는 아니고 폴 메카트니Paul McCartney 정도로 해두자. 나는 외모가 그리 잘난 편은 아니니 말이다). 신입생 때 거울 앞에 서서 마치 내가 '머리카락의 신'이라도 된 듯 우쭐대던 모습이 아직도 눈에 선하다. 내 머리카락은 길고 굵어서 마치 여자들이 손으로 빗겨주기를 기다리는 듯 보였다. 내가 여자들에게 데이트 신청할 용기만 있었다면 말이다.

그런데 운명의 날이 왔다. 그날은 토요일이었고 대학동아리 환영회가 열리는 날이었다. 나는 아침 일찍 환영회에 쓸 도넛을 사기 위해 급하게 가는 중이었다. 그런데 갑자기 내 차가 눈길에 미끄러져 마주 오는 차와 정면으로 충돌했다. 내 차는 길을 벗어나 조수석 유리창이 깨질 정도로 큰 사고가 났다. 사람들은 너무 놀라면 무감각해진다고들 하는데 그때 내가 정말 그랬다. 나는 피를 철철 흘리면서 사고 지점에서 두 블록 떨어져 있는 듀크 병원 응급실에 비척비척 걸어들어갔다. 응급실 간호사의 놀란 얼굴을 보고서야 비로소 내가 많이 다쳤다는 것을 짐작할 수 있었다. 의사는 차분하게 나를 침대에 눕히고 "자, 한번 봅시다"라고 말했다. 하지만 그는 곧 평정심을 잃었고 의사가 환자에게 할 수 있는 최악의 말을 내뱉었다. "환자분!" 의사는 무거운 목소리로 속삭였다. "제가 할 수 있는 일이 없습니다."

나는 피를 많이 흘리기는 했지만 죽을 것 같지는 않았다. '대체 왜 의사가 이런 끔찍한 소리를 하는 걸까?' 하는 생각이 들었다. 이윽고 의사가 말을 이었다. "보다시피 머리 윗부분이 아예 없어졌어요. 머리 가죽이 벗겨진 거죠. 다시 꿰매고 할 것도 없습니다. 혹 사고 현장에서 벗겨진 두피를 발견한다면 모를까……." 의사는 말을 멈췄다. 나는 무모한 공격을 감행했다가 인디언들에게 목숨을 잃은 조지 커스터George Custer 장군이 된 것 같은 기분을 느끼며 체념하고 의사의 말을 받아들이려 할 때쯤 고속도로 순찰대원이 손가락 끝으로 내 두피를 가지고 구세주처럼 나타나 외쳤다. "이 두피 주인 여기 있나요?" 나는 내가 환영이라도 보고 있는 줄 알았다. "여기요! 여기에요!"라고 의사는 외쳤다.

머리 가죽에 얽힌 내 이야기는 여기에서 끝났다. 그 후 성형수술을 두 번이나 받은 후에야 머리카락이 다시 자라기 시작했다. 하지만 얼마 지나지 않아 해군에 입대했고 결국 다시 머리를 밀었다. 3년간 군복무를 하면서 머리카락은 거의 기를 수 없었고, 그 후에 머리를 기르기는 했지만 이제는 쉰두 살이 되어 머리카락이 하나둘 빠지기 시작한다. 상황이 이렇다 보니 내가 머리카락에 대해 과도하게 민감한 것은 사람들이 이해해줘야 한다고 생각한다. 머리 가죽이 벗겨지고도 살아남은 사람은 별로 없을 것이다. 나는 운이 좋아서 살아남았고 덕분에 웃으면서 그때 이야기를 하곤 한다. 다만 내게 머리를 또 언제 다듬겠냐고 묻지는 말아 달라. 아직까지도 그 질문을 들으면 긴장이 되기 때문이다.

라스베이거스의 교훈

머리 가죽이 벗겨졌던 사고는 내 인생에서 중요한 획을 그었다. 그 후 몇 번이나 수술을 받으면서 나는 될 수 있는 한 병원은 가까이 하지 말자고 다짐했고 그때부터 운동을 열심히 했다. 병원에서 꽤 오랜 시간을 보내면서 당시에는 낯설었던 블랙잭을 배웠다. 블랙잭을 하면서 쌓은 경험 때문에 나는 결국 채권펀드매니저가 되었다. 물론 독자들에게 머리 가죽도 한번 벗겨져 볼만 하다고 말하는 것은 아니다. 하지만 되돌아보면 그때의 끔찍한 사고가 결국 내 직업을 결정짓는 운명을 갈랐으니, 나는 그때의 사고에 대해 나름 고맙게 생각한다.

병원 치료를 끝내고 1966년 6월 듀크 대학을 졸업한 후 나는 블랙잭으로 돈을 좀 벌어 봐야겠다고 생각했다. 그래서 라스베이거스로 가서 카드 카운팅 블랙잭을 해보기로 했다. 카드 카운팅은 에드 소프Ed Thorpe(유명한 헤지펀드매니저)가 처음 고안한 방법으로, 실제 프로 블랙잭 카드 플레이어들이 몇 번 시도해 본 적은 있지만 라스베이거스에서는 한 번도 시도된 적이 없었다. 당시로서는 나도 알 수 없었지만 라스베이거스에서 블랙잭을 하면서 보낸 4개월간의 시간은 내가 월스트리트에서 성공적으로 경력을 쌓아가는 데 기틀이 되었다. 라스베이거스에서 배운 몇 가지 원칙들은 지난 25년간 PIMCO에서 성공적인 채권투자매니저로 일하는 데 큰 도움이 되었고 독자들에게도 도움이 될 거라고 생각한다.

전문 블랙잭 플레이어들도 카드 카운팅을 활용한다. 덱에 어떤 카드가 남아있는지 알고 있으면 확률이 자신에게 유리한지 아니면 카지노에 유리한지를 가늠할 수 있다. 대부분 플레이어보다는 카지노가 승산이 더 높다. 하지만 가끔 플레이어가 승산이 높은 경우가 몇 번 있는데 이때 기회를 포착해 크게 베팅을 하면 전체 승률을 높일 수 있다. 하지만 그렇다고 꼭 성공하는 것은 아니다. 다만 승리의 확률이 높아지는 정도다. 그렇기 때문에 게임을 하면서 한 번의 플레이를 위해 가진 돈을 모두 테이블에 올려놓는 것은 바보짓이다. 이때 플레이어가 돈을 두 배로 불릴 가능성은 52%지만 돈을 다 잃어버릴 가능성도 48%나 되기 때문이다. 이런 바보짓이야말로 전형적으로 잘못된 투자 방식이며 덕분에 카지노는 돈을 번다.

확률이 높을 때 베팅을 늘려야하는 것은 맞지만 너무 베팅이 높으면 자신의 자금이나 비상금까지 위태롭게 된다. 이 이론은 '도박꾼의 파산'이라고 알려져 있지만 나는 '포트폴리오 다변화'라고 부른다. UCLA대학 교수, 해리 마코위츠 Harry Markowitz가 리스크 다변화에 관한 이론을 정립했고 이 이론으로 노벨 경제학상을 수상하기 훨씬 전부터 블랙잭 플레이어들은 이 원칙을 따르고 있었다. 도박꾼의 파산 이론은 한 번에 모든 칩을 베팅해서는 안 된다는 원칙이다. 실패하면 끔찍한 결과로 이어지기 때문이다.

도박꾼의 파산 이론을 투자에 적용해 보자. 투자를 할 때 주식이건 채권이건 부동산이건(투자 대상인 부동산이 자신의 실거주지이고 또 다른 부동산에 투자할 여력이 없는 경우를 제외한다) 한 가지 투자 상품에 가진 돈을 모두 쏟아부어서는 안 된다. 투자 포트폴리오는 주식, 채권, 부동산 등 여러 가지가 적절하게 섞여 구성되어야 한다. 많은 투자자들의 생각과 달리 주식시장이 오르기만 하지는 않는다. 최근 주식은 연평균 15%~20%의 상승률을 기록했다. 하지만 언제까지 이렇게 주식시장이 고공 행진을 기록할 수는 없다. 무엇보다 우리 경제와 기업의 영업 이익이 전처럼 빠르고 급격하게 상승할 수는 없기 때문이다. 게다가 고통스러운 경기 침체는 단순히 역사책 속의 이야기가 아니라 현실이기도 하다. 경기 침체가 시작되면 주가는 빠르고 가파르게 하락한다. 따라서 오직 주식으로만 투자 포트폴리오를 구성하려면 아주 장기적인 시각을 가져야 하고, 때때로 찾아오는 피할 수 없는 경기 침체의 고통을 짧은 시간 혹은 그보다 긴 시간 동안 견뎌낼 만큼 정신력이 강해야 한다.

투자 포트폴리오 다변화는 투자의 가장 기본적인 원칙으로 투자자의 연령, 재정적인 조건, 리스크를 감당할 수 있는 정도 등에 따라 달라진다.

투자 포트폴리오 다변화와 큰 베팅

투자 포트폴리오는 기본이다. 하지만 베팅도 꽤 중요한 문제다. 확률이 플레이어에게 유리할 때 당연히 큰돈을 베팅해야 한다. 기회가 왔는데 잡지 않는다면 결국 카지노에서 돈을 잃게 된다. 투자의 세계에서는 좋은 아이디어가 있고 자신이 가진 정보에 확신이 있다면 합리적인 수준에서 많은 돈을 투자해야 한다.

특정 주식이 마음에 든다면 전체 포트폴리오 중 10%를 투자한다. 그리고 해당 사실을 염두에 둔다. 신흥 시장의 국채가 매력적인 투자처라는 생각이 든다면 역시 똑같이 한다. 투자 포트폴리오를 다

변화한다는 미명하에 좋은 투자처라고 생각되는 상품에 적은 돈을 투자하는 것도 어리석은 짓이다. 투자 포트폴리오가 주식 50개쯤으로 구성되어서는 안 된다. 뮤추얼펀드 10개쯤으로 구성했다면 과도하게 다변화한 것이다. 그보다는 집중해야 한다. 다만 가진 돈을 하나에 몰아넣으면 도박꾼(혹은 투자자)가 파산을 겪을 위험이 커진다(〈그림 8-1〉 참조). 너무 다변화해 투자 포트폴리오 자체가 복잡해지면 오히려 큰 수익을 올리지 못한다. 그런데 일반 투자자들은 포트폴리오를 과도하게 다변화하는 잘못을 저지르곤 한다.

좀 더 상세하게 설명해 보겠다. 전체 투자액이 5만 달러 미만이라면 뮤추얼펀드 몇 개에만 투자하도록 한다. 개별 주식과 채권으로 포트폴리오를 다변화할 만큼 여유가 없기 때문이다. 게다가 거래 수수료만 해도 전체 자본 중에서 상당 부분을 차지한다. 5만 달러 이상을 투자하는 대형 개인투자자라면 뮤추얼펀드뿐만 아니라 직접 주식 투자도 고려하도록 한다. 물론 많은 연구를 통해 투자 종목을 선별하고 적절한 기간 동안 주식을 보유해 이익을 실현해야 한다. 채권은 소액 투자가 어렵기 때문에 5십만 달러 이하 투자자들이 포트폴리오에 추가하기에는 무리가 있다. 따라서 소액 개인투자자들은 채권형 펀드나 물가연동채권(13장 참조)을 고려해 보자. 투자하기도 쉽고 장기적인 수익률도 좋기 때문이다.

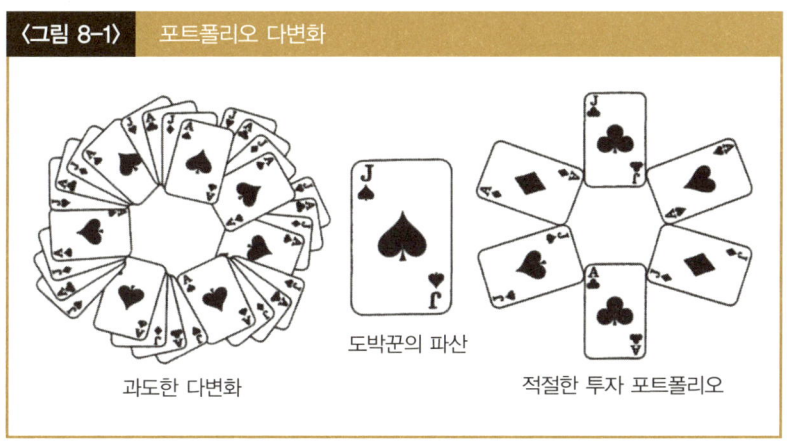

〈그림 8-1〉 포트폴리오 다변화

과도한 다변화   도박꾼의 파산   적절한 투자 포트폴리오

| 수수료를 낮게, 더 낮게

1966년 여름, 나는 라스베이거스에서 하루 16시간씩 블랙잭 게임을 했다. 그런데 돈을 많이 딴 플레이어들이 딜러에게 주는 팁이 엄청나서 깜짝 놀랐다. 물론 딜러들도 생활을 꾸려 나가자면 팁을 받아야 하고 나 또한 늘 팁을 주곤 했다. 하지만 나는 게임을 끝내고 방으로 돌아가기 전에 적절한 금액을 테이블에 올려놓는 정도였다. 반대로 다른 사람들은 돈을 딸 때마다 어마어마한 팁을 딜러들에게 뿌려대곤 했는데, 그러다 보면 돈을 벌 수 있는 결정적인 기회를 날려버릴 수도 있다. 물론 게임을 즐기려 카지노에 왔고 팁이 후하니 딜러들에게 인기가 좋겠지만 결과적으로는 돈을 벌어 지갑에 넣지

않고 길에 버리는 꼴이다.

투자도 마찬가지다. 여기서 팁은 전문트레이더 혹은 뮤추얼펀드에 투자할 때 내는 수수료다. 생각해 보자. 투자시장이 좋아 여기저기에서 수익이 날 때는 평균보다 높은 수수료를 내는 것도 나쁘지 않다. 예를 들어, 주가가 평균 35% 이상 상승한 1995년이라면 뮤추얼펀드매니저에게 전체 투자액의 1%를 수수료로 주든 팁으로 주든 인색하게 굴 필요가 있겠는가? 지금 막 5천 달러를 벌었는데 수수료를 좀 낸다고 무슨 대수겠는가? 누구나 자기 몫을 챙길 만큼 수익을 냈는데 말이다!

문제는 장기적으로 수익이 그렇게 높지 않을 때다. 계속 손해를 보고 있다거나 수익률이 한 자리대라면 수수료로 1%도 과하다. 그런데 버틀러크릭 시대가 바로 그렇다. 미국에서 일반적인 펀드 수수료는 신탁 자산의 1.35%이고 과세 대상 채권펀드는 약 1%의 세금을 낸다(시카고 뉴스레터 모닝스타 뮤추얼 펀즈 참조). 채권수익률이 6%이고 주식수익률이 7%~8%인데 1%를 주식 및 채권 수수료로 낼 수는 없지 않은가? 수익률 6% 시대에 1% 수수료라면 일 년 동안 벌어들인 수익의 15%를 수수료로 지급하는 것이다. 장기적인 관점에서 보면 전체 재산의 15%를 펀드매니저에게 주는 셈이다. 비틀즈의 노래 구절처럼 '절대, 절대 안 될 말이다'. 부동산을 매매할 때 지불하는 중개 수수료가 6%인데 그보다 훨씬 유동적인 채권이나 주식에 대한

현명한 투자자 투자 정보를 얻는 효율적인 방법

> 이 책을 구매한 독자라면 적어도 투자에 성공하기 위한 연구 방향을 제대로 잡았다고 할 수 있다. 하지만 업데이트도 필요하고 변화하는 트렌드에 대해 전문가 의견도 들어야 한다. 이를 위해 2가지 정보가 있다.
>
> 첫째, 최고의 펀드매니저를 찾고 있다면 모닝스타나 밸유라인의 뮤추얼펀드 평가 서비스를 참고하자. 지난 12개월 동안 35%의 수익을 올린 펀드매니저들을 소개하는 가판대 신문 따위는 버려라. 앞에서 추천한 전문 기관들은 뮤추얼펀드를 1년, 3년, 5년에 걸쳐 장기적으로 평가하고, 펀드매니저들을 수시로 인터뷰한다. 나는 이들 서비스에서 정보를 많이 얻곤 한다. 독자들 또한 도움을 많이 받을 수 있을 것이다.
>
> 둘째, 투자 정보의 업데이트를 원하는 독자들에게 아주 좋은 소식지가 있다. 바로 내가 한 달에 한 번씩 발행하는 「인베스트먼트 아웃룩」이다. 이 책과 구성 및 스타일이 비슷하고 나의 근황도 실려 있어 일부 독자들은 꽤 재미있어 할 것 같다. 독자들이 일 년 구독을 신청하면 나도 신나서 더 글이 잘 써질 것 같다. 또 내 책에 대한 독자들의 반응도 가늠할 수 있을 것 같다. 주소는 PIMCO, 840 Newport Center Drive, Suite 360, Newport Beach, CA 92660이다.

수수료가 15%나 된다는 것이 말이 되는가?

버틀러크릭 시대의 관건은 수수료를 가능한 낮게 유지하는 것이다. 낮은 수수료를 받으면서도 뛰어난 펀드매니저를 찾고 한편으로는 투자에 대한 연구도 쉬지 마라. 이 모든 조건을 만족하는 투자 상품을 찾으면 돈을 투자하고 장시간 기다려라.

사실 뮤추얼펀드에 투자하고 별도의 금융 계좌를 통해 펀드매니저에게 돈을 맡기는 데 드는 연간 수수료는 지난 10년간 꾸준히 증가해 왔다. 하지만 소액투자자들은 눈치채지 못했고 기관수탁자들은 이 사실에 주목하기 시작했다. 지난 15년간 펀드매니저나 펀드에 맡겨진 돈은 3,200% 증가했다. 컴퓨터 같은 제조 산업으로 치자면 일종의 '생산성'이 증가했으니 가격이 떨어져야 했다. 하지만 투자 수수료는 전혀 하락하지 않고 오히려 상승했다. 내가 발을 담그고 있는 투자 산업계는 마치 로펌들처럼 서로 경쟁해야 하는 환경 속에서 서비스의 질을 올리기는커녕 조그마한 부가가치에도 어마어마한 수수료를 계속 떼어가기에 바쁘다. 펀드들은 높은 수수료를 합리화하기 위해 다양한 변명거리를 늘어놓는다. 운영 비용이 높다고도 하

〈표 8-1〉 적정한 수수료 수준

(단위 : %)

	평균 펀드 수수료	이상적인 펀드 수수료	허용 가능한 최대 수수료
해외 펀드	1.45	0.5~0.6	0.75
국내 펀드	1.35	0.35~0.5	0.65
회사채, 주택담보, 국채 펀드	0.97	0.25~0.45	0.5
고수익 채권 펀드	1.23	0.35~0.5	0.6

고, 이른바 스타급 펀드매니저를 만족시키려면 어쩔 수 없다고 수수료가 합리적인 양 말한다. 하지만 모두 다 변명일 뿐이다. 투자자들은 올해에만 주식 및 채권 투자 펀드 수수료로 200억 달러를 지불했다. 여기에 판매 수수료와 별도의 계좌 수수료는 포함되지 않았다.

〈표 8-1〉은 6%의 투자수익률이 예상되는 버틀러크릭 시대에 내가 합리적이라고 생각하는 수수료 수준과 최대 허용 가능하다고 생각하는 수수료 수준을 보여준다. 자신의 펀드 수수료가 궁금하다면 매주 월요일자 「월스트리트 저널」의 뮤추얼펀드란을 참고하기 바란다. 자신이 돈을 맡긴 펀드의 수수료가 〈표 8-1〉에서 제시한 최대 허용 수준보다 높다면 다른 펀드로 갈아타야 하는 것은 아닌지 심각하게 고민해 보기 바란다.

「월스트리트 저널」에 따르면 연 수수료가 1% 이상인 뮤추얼펀드가 수백 개도 넘는다. 심지어 2%~3%를 받기도 한다. 이런 펀드는 수수료를 많이 받으니 당연히 성과도 뛰어나야 한다. 수수료가 비싼데 성과는 좋지 않다면 투자자들은 계속 역풍을 맞으며 힘들게 앞으로 나가고 있는 것 같은 기분이 들 것이다. 수수료를 많이 내기 싫다면 내가 일하는 PIMCO의 펀드나 전설적인 펀드매니저 존 보글John Bogle이 운영하는 뱅가드 상품을 추천한다.

카지노에서 게임하다

투자자가 어떤 투자 매니저나 펀드를 선택했든지 간에 나는 내가 라스베이거스에서 얻은 교훈을 들려주고 싶다. 라스베이거스에서 돈을 잃지 않고 떠나는 사람은 별로 없다. 라스베이거스가 황량한 사막 한가운데에서 계속 유지될 수 있는 이유는 바로 도박에 들뜬 사람들이 찾아와서 돈을 잃고 떠나기 때문이다. 돈을 잃은 사람들은 재미있는 시간을 보냈으니 만족한다면서 스스로를 달랠 수 있겠지만, 카지노에서 돈을 잃었다는 사실에는 변함이 없다.

금융시장에서도 마찬가지다. 몇몇 펀드에 투자한 일부 투자자를 제외하고는 금융시장에서 돈을 버는 사람들은 그리 많지 않다. 그 이유는 개인투자자뿐만 아니라 펀드매니저들까지도 뮤추얼펀드나 주식 계좌를 통해 빈번하게 돈을 이곳저곳으로 옮겨대면서 수십억 달러의 수수료를 지불하기 때문이다. 시장이 개인투자자와 펀드매니저들로 구성되어 있기는 하지만 이들이 시장의 전부는 아니다. 이 경우에는 2+2=4라는 공식이 성립되지 않는다. 월스트리트 수수료와 펀드 수수료 및 비용을 최종 수익에서 제외해야 하기 때문이다. 즉 투자시장에서 성립되는 공식은 50+50=100이 아니라 50+48=98쯤 된다.

하지만 월스트리트의 투자 기관들은 투자자들을 설득해야 한다. 이들은 돈을 벌 수 있게 해 준다는 별처럼 반짝이는 희망을 팔아 왔고 투자자들은 돈을 벌기 위해 몰려들었다. 문제는 상당수의 투자자들이 별이 반짝이는 하늘을 보기는커녕 먼지만 날리는 라스베이거스 같은 사막에 떨어지게 된다는 점이다. 투자자들은 많은 돈을 시장에 지불하면서 그래도 전문 펀드매니저에게 돈을 맡겼다는 안도감에 젖어 있을 뿐이다. 펀드매니저들도 마찬가지로 투자자들을 설득해야 한다. 그래서 그들은 오랜 투자 경력 중 가장 실적이 좋았던 12개월의 실적만을 강조해서 떠벌린다. 만약 지난 한 해 실적이 좋지 않았다면 리스크를 줄이기 위해 어쩔 수 없었다고 변명한다. 특정 기간 동안 실적이 시장 평균을 밑돌았던 이유가 돈을 맡긴 고객들이 위험을 감수하지 않았기 때문이라고 변명하는 펀드매니저를 나는 셀 수도 없이 많이 보았다. 이들은 시장이 평균 15% 수익률을 기록하고 있는 상황에서 12%~13%의 수익률을 냈다면서 떠벌린다. 그리고는 앞으로 돈을 계속 벌 수 있을 것이라고 말한다. 하지만 그들의 능력은 그만큼밖에 안 되는 것이다. 나는 몇몇을 제외하고는 대다수의 전문 투자 기관이 모두 허풍이며 엄청난 바가지를 씌우고 있다고 생각한다. 투자자들에게 요구하는 수수료만큼의 값어치를 못하고 있기 때문이다.

하지만 펀드매니저들은 대중들에게 자신들의 마법이 진짜처럼 보이게 하는 수많은 소도구를 가지고 있다. 예를 들어, 다양한 스타일과 여러 단계의 위험 정도로 구성된 갖가지 포트폴리오를 가지고 있다. 이 중에는 레버리지와 고위험 종목으로 구성된 공격적인 성향의 포트폴리오도 있고, 현금을 많이 보유하고 안정적인 종목으로 구성된 방어적인 성향의 포트폴리오도 있다. 시장이 호황일 때는 전자를 광고하면서 수익률이 높았다고 자랑하고 시장이 불황일 때는 후자를 전면에 내세우면서 안정적으로 방어했다며 자랑한다. 투자 전문기관이나 펀드매니저들의 실적 발표는 마치 모래 위에 세워진 집과 같다.

또 시장을 소형주와 대형주로 나누거나 기술주와 경기순환주 혹은 성장주와 가치주로 구분해 혼란스럽고 애매하게 만드는 방법도 있다. 수익률이 좋지 않으면 "나는 가치 중심의 포토폴리오를 구성하기 때문에 올해 시장의 평균 수익률에 뒤처진 것이다. 올해는 성장주의 상승이 워낙 가팔랐기 때문이다. 하지만 내년에는 다를 것이다"라고 변명한다. 그래서 대부분의 투자자는 기다리고 또 기다린다. 하지만 「고도를 기다리며」의 주인공 고도처럼 돈을 벌 수 있을 거라는 내년은 오지 않는다.

반면 투자자들은 매년 수십억 달러를 펀드매니저들에게 지불한다. 펀드매니저들은 스스로가 '사회에서 없어서는 안 될 꼭 필요한 존재라며 수십억 달러의 수수료를 받는 것은 당연하다'고 생각한다. 그리고는 편안하게 잠자리에 든다! 내가 전문적인 투자 관리를 무조건 반대하는 것은 아니다. 전문적인 펀드매니저들의 도움 없이 무턱

대고 투자를 했다가 1%~2%가 아닌 더 큰 손해를 볼 수도 있기 때문이다. 다만 장기적으로 성공적인 성과를 내는 펀드매니저들만 비싼 수수료를 받을 자격이 있다는 것뿐이다.

그렇다면 투자자는 어떻게 해야 할까? 해결책은 간단하다. 오랜 시간 동안 시장 평균보다 더 나은 수익을 올렸고 수수료는 적게 받는 전문가를 찾아라. 앞에서 추천한 모닝스타나 밸유라인은 뮤추얼펀드의 성과 및 연간 수수료에 대한 정보를 제공한다. 여의치 않다면 가까운 도서관에서 펀드 관련 책자를 참고해라. 이 모든 것이 다 귀찮다면 차라리 인덱스펀드에 돈을 묵혀두면서 일 년에 1%~2%나 되는 수수료를 절감하는 것도 좋은 방법이다. PIMCO도 스톡스 플러스라는 인덱스펀드를 판매하고 있는데, 이 펀드는 단순히 시장과 연동되는 데서 그치지 않고 S&P500 선물 계약에 대한 담보인 단기 기업어음을 적극적으로 운용해 S&P500보다 연간 1% 높은 수익률을 제공한다. 그것도 내키지 않는다면 뱅가드의 인덱스 500을 추천한다. 개인투자자들이 장기적으로 이들보다 더 나은 수익을 올리기는 쉽지 않을 것이다.

│ 장기적인 전망에 베팅하다

도박 테이블과 슬롯머신으로 짧은 쾌락을 쫓는 라스베이거스에서 얻은 교훈이라기에는 좀 어울리지 않지만, 여하튼 내가 그곳에서 얻은 가장 중요한 교훈은 장기적인 전망에 집중하라는 것이다. 1966년 10월, 파일럿이 되겠다며 해군에 입대하기 위해 라스베이거스를 떠날 때 아쉬운 점이 몇 가지 있었는데 그중 하나가 바로 장기적인 시각을 갖지 못 했다는 것이었다. 처음 나는 수중에 200달러를 가지고 라스베이거스로 갔다. 그리고 하루도 빠짐없이 16시간씩 블랙잭을 해서 돈을 만 달러로 불렸다(계산해 보면 시간당 5달러 꼴이니 지금의 최저임금보다도 못한 수준의 돈을 벌었다!). 하지만 이 테이블에서 저 테이블로 옮겨 다니기도 하고 내가 점찍은 '행운의 딜러'를 기다리면서 많은 시간을 낭비했다. 돈이라도 좀 잃었다 치면 시무룩하게 몇 시간이고 앉아 있곤 했다. 도박을 많이 하면 할수록 돈을 딸 확률이 높아진다는 사실을 알고 있었지만 실행에 옮기지는 못했다. 즉각적이고 단기적인 결과에 몰두해 카드 카운팅의 확률을 십분 활용하지 못했던 것이다.

하지만 앞으로는 절대 같은 실수를 저지르지 않겠다고 마음먹었다. 1970년대 초반 내가 투자 포트폴리오 매니저로서 처음 경력을 쌓기 시작했을 때 라스베이거스에서 얻은 교훈은 나의 투자 철학이

되었다. 그 교훈은 바로 장기적인 시각에서 투자해야 한다는 것이다. 단기적인 시장의 움직임이나 이례적인 변화 때문에 앞으로 3년~5년에 걸친 트렌드를 무시해서는 안 된다. 당장의 돌발 상황은 잊어라. 그렇다면 7월 신규 주택 건축이 증가한다는 뉴스가 보도되고 금리 상승이 예측되면 어떻게 해야 할까? TV에서 8월 반도체 산업의 BB율이 하락하고 기술 관련 주가가 타격을 받는다고 하면 어떻게 해야 할까? 이런 정보들을 아예 무시하라는 소리는 아니다. 다만 이들 정보는 커다란 퍼즐을 구성하는 하나의 조각들일 뿐이다. 이 조각을 하나씩 맞추어 장기적인 세계경제 및 금융시장을 그려내야 한다. 스스로 퍼즐을 맞출 시간이 없다면 앞에서 소개한 버틀러크릭 시나리오에 맞는 자산군과 뮤추얼펀드를 선택하도록 한다. 어느 정도 여유가 있다면 꼭 3년 후를 내다보는 일관적이고 장기적인 시각으로 퍼즐 조각을 스스로 맞추어 보도록 하자. 이런 노력 없이는 도박꾼들이 카지노에 농락당하듯 투자시장에서 농락당하거나 과도한 수수료를 바가지 쓰게 되거나 머리 가죽이 벗겨지는 꼴을 당하게 된다. 커스터 장군이 그랬듯이 남에게 당하는 고통은 말로 표현할 수 없다.

Chapter 9

노이즈를 팔다

시장의 변동성에 대한 이해와 대처 방법

"스크루지 삼촌, 메리크리스마스! 신께서 축복하시길!"
조카 빌은 유쾌한 목소리로 말했다. "흥, 헛소리야! 메리크리스마스 따위라니!
돈 없는 너한테 크리스마스는 돈 나갈 구멍 아니냐?"
"크리스마스는 좋은 걸요. 친절하고 용서하며 베푸는 시간이에요"라고 빌은 응수했다.
– 찰스 디킨즈의 『크리스마스 캐럴』 중

지난 12월의 어느 날 「뉴욕타임스The New York Times」의 다섯 번째 페이지 중간쯤 작은 칸에 '도움이 가장 절실한 사람들에게 기부를!'이라는 짤막한 광고 메시지가 적혀 있었다. 기사의 길이가 지면에 맞지 않아 「뉴욕타임스」의 모금 활동을 선전하는 광고를 살짝 끼워 넣은 것이었다. 크리스마스 휴가 기간이라 꽤나 눈길을 끄는 메시지였지만 나는 이 광고를 보면 볼수록 찜찜한 기분이 들었다.

죄책감 때문이 아니라 도덕적인 질문에 대해 명확한 답을 얻지 못할 때마다 내가 느끼는 일종의 당혹감 같은 것이었다. 무엇을 기부하라는 이야기인가? 누구에게 주란 말인가? 생각하면 생각할수록 알 수 없었다.

도움이 가장 절실한 사람이 누구지? 떠오르는 사람들이 너무 많았다. 노숙자, 소말리아인, 에이즈 환자, 학대당한 사람들, 버려진 아이들 모두 도움이 절실하다. 배려, 사랑, 쉴 곳 등을 제공하면 이들의 삶은 크게 달라질 것이고 여기에 반대할 사람은 스크루지 영감 정도밖에 없을 것이다.

그런데 생각만큼 쉬운 일이 아닐 수도 있다. 세상에 자원은 한정되어 있기 때문에 선택을 해야 할 때가 많다. 만약 그렇다면 다음 A와 B 중 어느 것을 선택하겠는가?

A : 굶주리고 있는 세상의 모든 사람들에게 일 년간 무료 급식 제공

B : 미래 식량을 늘리기 위해 필요한 농기구 지원, 관개시설 확충, 전문적인 노하우 제공

상당수는 동정심에서 A를 선택할 것이다. 하지만 식량을 제공해도 이미 늦어 손쓸 수 없는 경우도 있을지 모른다.

그럼 B는 어떨까? 지금까지 우리는 방글라데시에서 에티오피아로 그리고 다시 소말리아로 여기저기를 옮겨 다니면서 사람들에게 도움을 주었다. 하지만 고작해야 화재가 발생한 장소에 가서 불을

끄는 정도에 불과했고 불을 예방하는 방법을 가르쳐 줄 생각 따위는 까맣게 잊고 있었다. 이런 생각에서 B를 선택하는 사람도 있을 것이다.

더 구체적인 예를 들어보자. 당신이 인도적인 프로젝트를 한 개만 지원할 정도의 기금을 관리한다고 가정해 보자. 두 명이 기금 지원을 신청했는데 첫 번째 지원자는 인도에서 어려운 사람들을 위해 자신의 일생을 바쳤고 이타주의와 동정심의 롤 모델이나 다름없는 테레사 수녀Mother Teresa다.

두 번째는 조지 맥크루지라는 인물로 그레인즈아어스라는 구호단체에서 일하는 과학자인데, 약간 멍한 듯하고 사교성이라고는 눈곱만큼도 없어 누구와도 잘 어울리지 못하는 위인이다. 그런데 이 과학자가 가뭄에 내성이 강한 새로운 밀 종자를 개발 중이다. 만약 이것이 개발만 되면 전 세계를 기아로부터 구할 수 있는데 이제 거의 개발 완료 단계에 있다.

당신이라면 과연 둘 중 누구를 선택하겠는가? 테레사 수녀는 많은 생명을 구했다. 하지만 조지 맥크루지는 앞으로 태어날 수많은 생명까지 구할 수 있다. 지금 당장 눈으로 보이는 도움을 주어야 할지 아니면 앞으로 두고두고 도움이 될 수 있는 선택을 해야 할지 고민이다. 나는 어느 쪽이 옳은 선택인지 알 수 없다. 내가 알고 있는 것은 우리가 살면서 수많은 길 중에서 몇 가지를 선택을 해야 하고 일단 선택을 하면 그 길을 따라 걸어가야 한다는 사실이다. 다른 사람이 보기에 내가 선택한 길이 막다른 골목일 수도 있고 빛나는 언덕 위에 세워진 도시로 이어진 길일 수도 있다. 어쩌면 결국에는 모두 같은 장소에 있게 될 지도 모른다. 테레사 수녀, 맥크루지, 진심으로 다른 사람에게 자신의 것을 나누어 준 모든 사람들이 말이다. 나는 어떤 것이 옳은 선택인지 알고 싶다. 하지만 그것은 신께서만 아실 것이다. 한낱 인간에 불과한 우리에게는 어려운 사람들을 돕는 것도 쉬운 일이 아니다.

| 폭탄과 함께 사는 법을 배우다

앞에서 지금이냐 미래냐의 문제를 가지고 고민하다 보니 채권펀드매니저로서 주식과 채권의 변동성을 평가할 때마다 겪는 딜레마가 생각난다. 앞으로의 시장 변동성을 측정하는 기술은 기본적으로 미래의 시장 환경이 지금의 시장 환경과 비슷하다는 가정에서 시작한다. 그런데 반드시 그런 것은 아니다. 앞으로의 시장은 변동성이 커질 수도 있고 그렇지 않을 수도 있는데 이에 따라 투자 결과는 크게 달라진다.

현재의 시장 상황에 연연하다보면 미래의 더 큰 수익을 놓칠 수 있다. 이번 장에서는 변동성과 관련해 전문트레이더들이 흔히 저지르는 계산 착오를 투자 기회로 활용하는 방법에 대해 설명하겠다.

롤러코스터 같은 주가 폭락 중에서 단연 최고라 할 수 있는 블랙먼데이는 투자시장의 변동성이 얼마나 큰지를 단적으로 보여 주는 대표적인 예다. 나도 1987년 10월, 그날을 생생하게 기억한다. 채권 펀드매니저라 주식에는 투자하지 않는 나에게도 매우 충격적인 사건이었다.

블랙먼데이 바로 전 금요일, 장이 마감되기 직전 주식시장은 100포인트 이상 하락했다. 월요일 새벽 5시, 나는 여러 가지 예측을 하면서 눈을 떴다(캘리포니아에서는 개장이 새벽 6시 반이기 때문에 서두르지 않으면 하루 거래를 망칠 수도 있다). 평소보다 특히 일찍 일터로 갔는데 다시 생각해 보면 그 이유가 무엇이었는지 확실치 않다. 내 파트너와 나는 컴퓨터 스크린 앞에 앉아 멍한 상태로 주식시장의 폭락을 지켜보았다. 역사상 최악의 주가 폭락을 목격하고 있으면서 아무것도 할 수 없었다.

장기적인 관점에서 보면 당시 블랙먼데이는 어쩌면 당연한 결과일지도 모른다. 어쨌든 엄청난 주가 폭락은 채권시장에 장기적인 영향을 미치기 마련이다. 예를 들어, 다우지수가 500포인트나 하락했다면 그만큼 경제가 약하다는 뜻이고 이는 채권시장에 오히려 득이 되기 때문이다. 하지만 나는 그날 내내 얼이 빠져 있다가 결국 주가 폭락 직후 시작된 채권 상승랠리에서 수백만 달러를 벌어들일 수 있는 투자 기회를 놓치고 말았다.

솔직히 나는 시장의 변동성을 싫어한다. 변동성 때문에 적절치 않은 시기에 옳지 않은 행동을 하게 되기 때문이다. 시장이 불안정하면 나는 다음날은 어떤 일이 벌어질까 노심초사하면서 잠을 이루지 못한다. 그리고 그 다음 날 대개 실수를 저지르곤 한다. 1960년대, 1970년대에 비해 지난 10년간 채권시장은 변동성이 훨씬 커졌다.

이 사실은 ISI그룹의 에드하이먼이 제공한 자료 〈그림 9-1〉을 보면 알 수 있다. 하지만 채권시장은 최근 몇 년간 변동성이 적어졌고 특히 지난 5년간은 6%~8% 정도 수준이었다. 이처럼 채권 금리의 변동 폭이 좁아진 이유는 버틀러크릭 시대가 시작되었기 때문이

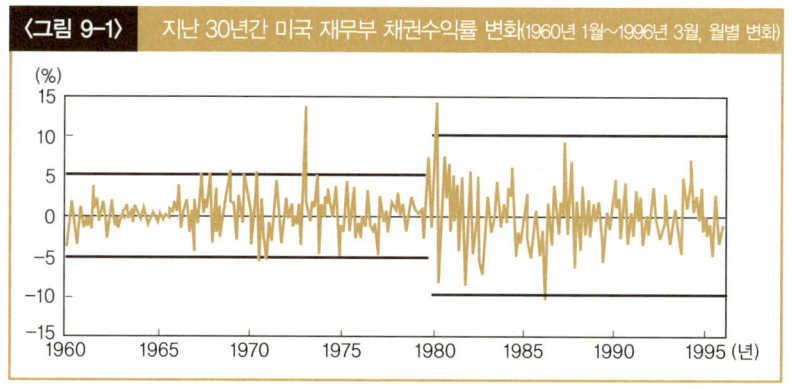

〈그림 9-1〉 지난 30년간 미국 재무부 채권수익률 변화(1960년 1월~1996년 3월, 월별 변화)

(자료 제공 : ISI 그룹)

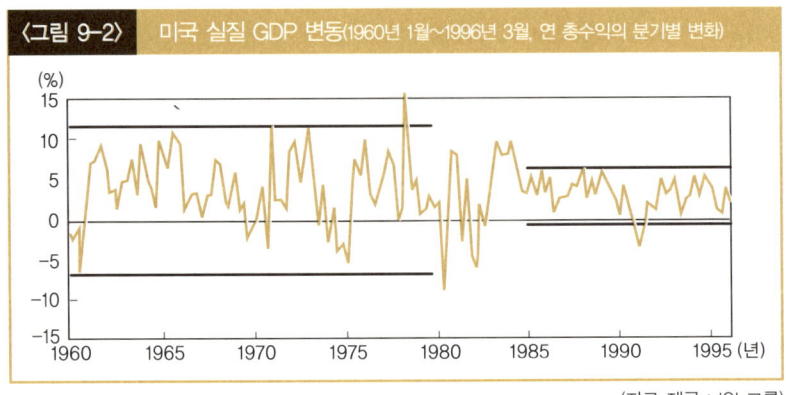

(자료 제공 : ISI 그룹)

기도 하고 다른 한편으로는 1960년대나 1970년대에 비해 경제가 많이 안정되었기 때문이다(〈그림 9-2〉 참조).

일부 보수적인 투자자들은 이 정도의 변동성에 대해서도 우려하곤 한다. 하지만 최근 채권시장의 변동성은 경제적 이유보다는 채권 투자자들의 투자 심리가 그 원인이다. TV에서 출연하는 투자 전문가들 중 앞으로 채권시장이 안정될 것이라고 전망하는 사람은 없다. 이것은 이들이 지금까지의 통계를 바탕으로 전망을 내놓기 때문이다. 하지만 지금까지의 채권 가격의 변화는 앞에서도 말했듯이 경제의 기초 여건 즉 펀더멘털보다는 자본시장 자경단원들 때문에 발생하였다. 물론 버틀러크릭 시대라고 해서 채권시장이 죽은 듯이 고요하지는 않을 것이다. 하지만 변동성의 폭이 좁을 것이다. 따라서 지금 펀드매니저들의 예측과는 다른 시장이 펼쳐질 것이고 이 덕분에 투자자들도 새로운 투자 기회를 갖게 될 것이다. 이 장 마지막 부분에서는 이 새로운 투자 기회에 대해 이야기하겠다.

| 노이즈를 팔다

나는 채권시장의 변동성이 발생하는 원인이 경제 펀더멘털과는 크게 상관없다고 생각하지만 한편으로는 시장의 변동성을 고려해야만 채권 투자 전략을 제대로 짤 수 있다고 생각한다.

채권을 살 때마다 실은 변동성을 매수 혹은 매도한다고도 할 수 있다. 시장의 거의 모든 채권에 옵션이 내재되어 있기 때문에 투자자는 시장의 변동성을 적절히 포지셔닝해야만 한다. 예를 들어 회사채의 경우에는 콜옵션이 있다. 30년 만기 회사채는 대부분 5년~10년 사이에 회사가 중도 상환 혹은 차환한다. 즉 회사는 원할 때 채권을 갚을 수 있는 옵션을 가지고 있다. 투자자가 채권발행자에게 옵션을 판다는 것은 실제로 변동성을 판다는 것을 의미한다. 만약 시장의 변동성이 커서 채권 금리가 크게 하락하면 채권발행자는 콜옵션을 행사할 것이고 그렇게 되면 투자자 입장에서는 투자 수익을 벌어주던 채권을 잃게 된다.

모기지 시장에서도 마찬가지다. 수백만의 개인 주택 소유자들이

현명한 투자자 옵션의 작용

> 옵션은 구매자에게 의무가 아니라 특정 기간 동안 특정 가격에 증권을 구매 혹은 판매할 수 있는 권리다. 꽤나 복잡한 개념이라 나 또한 경영 대학원생 시절에 옵션을 이해하는 데에만 몇 달이 걸렸다. 무엇보다 옵션을 구매하면 잠재적인 손실 가능성이 옵션 가격으로 지불한 금액 정도로 제한된다는 사실이 중요하다. 반대로 옵션을 팔면 잠재적 손실 가능성이 훨씬 커지며 최악의 경우 투자한 돈을 모두 잃어버릴 수도 있다.
>
> 옵션은 판매자가 아니라 구매자에게 유리하다. 실제 옵션 구매자는 복권을 산 것과 같다. 복권 가격은 고작 2달러 남짓이지만 당첨만 되면 수백만 달러를 벌게 된다. 따라서 사람들은 복권을 사면서 손해를 본다고 생각하지는 않는다. 하지만 복권 가격이 꽤 높으면(나중에 설명하겠지만 나는 그렇다고 생각한다) 시간이 지나면서 복권 판매인 즉 옵션 판매자가 실제 승리한다.

모기지를 조기 상환하고 더 낮은 금리로 차환할 수 있는 옵션을 행사하는지 혹은 그렇지 않는지에 따라 위와 비슷한 현상이 발생한다. 조기 상환 여부에 따라 모기지의 실제 만기 혹은 '평균 수명'은 가젤을 쫓는 치타처럼 튀어 오르기도 하고 내려가기도 한다. 이 변동성 때문에 내가 살고 있는 캘리포니아 오렌지카운티가 파산을 발표했던 것이다. 물론 워낙 빚이 많기도 했지만 말이다.

그렇다면 옵션 즉 변동성을 팔고 옵션을 행사하도록 허락하는 대가로 채권 및 모기지 투자자는 무엇을 얻는 것일까? 그 대가는 더 높은 채권수익률이다. 콜옵션채권은 기타 채권에 비해 채권수익률이 평균적으로 0.5% 혹은 50포인트 정도 높다. 정부가 지급을 보증하는 GNMA 모기지는 비슷한 만기의 미국 재무부채권에 비해 채권수익률이 1% 혹은 100포인트 높다. 이것이 바로 옵션을 판매하면 변동성을 팔게 된다고 설명했던 이유다. 즉 채권에서 더 높은 이자 수익을 얻기 위해 옵션을 판매하는 것이다.

콜옵션채권 및 MPTS(원리금 자동이체 증권) 투자자는 채권발행자가 유리한 시점에 콜옵션을 행사하거나 부채를 갚도록 허락한다. 즉 투자자가 판매하는 실질적인 대상은 다름 아닌 콜옵션이다. 그 외에도 높은 가격에 채권을 구매하도록 하는 풋옵션이 있다.

그럼 여기에서 궁금한 점이 생긴다. 시장의 변동성 정도에 따라 채권수익률을 얼마나 더 받아야 하느냐가 문제다. 이를 알아 내기 위해 수많은 컴퓨터 전문가들이 수백만 번씩 계산을 하곤 한다.

일반적인 투자자가 적정 수준의 채권수익률을 직접 계산해 낼 수는 없겠지만 반드시 명심해야 할 두 가지가 있다. 펀드매니저들은 당연히 변동성을 감안하고 채권의 가치를 측정한다. 하지만 곧잘 변동성을 과대평가하는 실수를 저지르곤 한다. 이 때문에 회사채보다는 국채를 선호하는 경향이 있다. 또한 변동성이 큰 시장에서는 채권수익률이 낮아야 메리트가 있다고 생각해 수익률곡선상에서 과대평가된 채권을 구매한다. 이에 대해 더 자세히 알아보자.

펀드매니저들은 과거 특정 기간 동안의 시장 변동성을 분석해서 미래의 변동성을 예측하는 데 일반적으로 10일~90일 정도를 분석한다. 옵션과 옵션부채권의 가치는 최근 시장 변동성 정도가 미래에 지속된다는 가정하에서 정해진다. 예를 들어, 지난 달 다우존스지수가 200포인트 하락했다면 향후 같은 기간 동안 200포인트 상승 또는 하락할 가능성이 있다는 예측에서 스톡옵션 가격이 정해진다.

하지만 잘못된 예측이다. 이것은 펀드매니저뿐만 아니라 많은 학자들이 시장의 변동성이 무작위적이라고 가정하기 때문에 나타나는 현상인데, 효율적 시장 가설의 특징이기도 하다. 이와 달리 시장의 가격은 경제적으로 혹은 정책적으로 어느 정도 제한을 받는다. 만약 장기 재무부채권의 금리가 3개월 동안 9%에서 10%로 상승했다고 가정해 보자.

잘못된 예측법을 적용한다면 그 후 3개월 동안 채권 금리는 11%로 상승하거나 9%로 하락할 것이라는 결론이 나온다. 하지만 현실은 다르다. 채권수익률이 10%로 상승했기 때문에 경제성장이 둔화되고 금리가 하락할 가능성이 생긴다. 따라서 9%대로 떨어질 가능성은 있지만 11%까지 채권수익률이 상승할 가능성은 근본적으로나 정책적으로 매우 낮다.

옵션과 관련해 시장 변동성을 예측할 때 변동성이 과도하게 예측되는 경향이 있다. 시장의 변동성은 무작위적이지 않기 때문에 전통적인 계산 방법을 사용해 예측된 값은 조정이 필요하다. 채권수익률이 11%까지 상승할 가능성이 적다면 채권시장의 변동가능성도 줄여야 한다. 하지만 과거의 예측 방식은 산술적인 수치에만 근거하기 때문에 이런 변수를 주관적이라고 치부하면서 도외시한다.

과거의 예측 방식보다는 1970년대 중반 블랙-숄즈 옵션 평가 모델을 개발해 유명해진 피셔 블랙Fischer Black의 주장이 더 설득력 있다. 피셔 블랙은 이른바 '노이즈'라는 개념을 처음으로 주장하면서 이를 금융시장과 시장의 변동성에 적용시켰다. 노이즈는 정보와 반대 개념이다. 워렌버핏Warren Buffett은 정보를 바탕으로 주식과 채권을 구매하는 투자자의 대표적인 예다. 그는 가치 중심 주식 투자자로 오랫동안 투자계의 전설로 군림했다.

반면에 노이즈를 바탕으로 투자하는 대표적인 예는 선물 시장의 트레이더들이다.

이들은 온갖 루머와 감지되는 트렌드, 상관이 없을지도 모르는 정보 등을 바탕으로 끊임없이 거래한다. 따라서 트레이더들의 견해가 시장에 반영되면 쓸데없이 거래가 잦아지고 가격 변화가 커진다. 어떤 때는 중요한 정보와 전혀 상관없이 경쟁에서 이기려는 선물 트레이더들 때문에 가격이 변동하는 경우도 있다. 이것이 바로 '노이

현명한 투자자 효율적 시장 가설

지난 수십 년간, 학계는 '효율적 시장 가설'이라는 이론을 등장시켜 월스트리트에서 영향력을 과시했다. 효율적 시장 가설이란 간단하게 말해 현재의 주식이나 채권 가격은 모든 투자자의 지식과 예측을 완벽하게 반영하고 있다는 이론이다. 이 이론이 사실이라면 저평가된 주식을 찾아야 할 필요도 없고 앞으로의 금융시장을 예측할 필요도 없을 것이다. 미래의 상황도 이미 시장에 반영되어 있을 것이고 새로운 정보가 있어도 즉각 시장 가격에 반영될 것이기 때문이다. 현대에는 인터넷이 발달되어 있어 정보가 빠르게 퍼지기 때문에 어느 정도는 설득력이 있기는 하지만 이 이론은 투자자의 심리를 고려하지 않아 정확하다고는 할 수 없다. 사람들은 탐욕과 공포를 느끼기 때문에 시장은 고평가 혹은 저평가된다. 게다가 요즘 투자자들은 분위기를 보고 투자한다. 즉 오늘 일어난 사건이 내일도 계속될 거라고 추측하고 투자 결정을 내리곤 한다. 이런 경우 정보가 효율적으로 사용되었다고 말할 수는 없다. 이처럼 투자자의 심리가 투자 결정에 영향을 미친다는 사실을 고려하면, 주식이나 채권 가격이 실제 가치보다 비싸게 혹은 싸게 책정되었는지를 알 수 있다.

즈'다.

피셔 블랙은 노이즈가 시장의 효율성을 해친다고 주장했다. 사실 노이즈 때문에 새로운 정보가 없는 상황에서도 가격이 변동하여 비효율적인 시장이 되어 버리기도 한다. 하지만 똑똑한 포트폴리오 매니저라면 노이즈를 이용해 고객의 수익을 한층 더 높여줄 수도 있다. 블랙은 1986년 「저널 오브 파이낸스Journal of Finance」에서 노이즈의 영향으로 과소 혹은 과대평가된 주가에 대해 논평했는데 "노이즈 때문에 단기적인 가치의 변동성보다 단기적인 가격의 변동성이 더 커질 수 있다"고 말해, 옵션의 가격이 잘못 평가되고 있을 가능성을 암시했다. 만약 이것이 사실이라면 단기적인 시장의 변동성을 기반으로 장기적인 옵션의 가치를 평가하는 펀드매니저들은 지속적으로 옵션의 가격을 과대평가하는 오류를 범하고 있는 셈이다. 따라서 쓸데없는 노이즈의 영향은 배제하고 옵션의 가격을 낮추어야 한다. 이와 같이 장기적인 가치와 단기적인 가치의 차이를 구분하는 것은 매우 중요하다. 대부분의 옵션부채권(회사채 콜옵션, 모기지 조기 상환, 일부 선물 계약)은 원래 장기적인 성격을 띠고 있으나, 10일~90일 동안의 단기적인 유동성을 바탕으로 가격이 매겨지기 때문이다.

이와 같은 잘못된 가격 결정을 어떻게 투자에 활용할 수 있을까? 가치는 가격에 따라 매수하거나 매도할 수 있다.

하지만 무엇보다 노이즈를 파는 쪽으로 전략을 세우는 것이 중요하다. 시간이 지나면 노이즈가 얼마나 가치가 없었는지 드러나므로 파는 것이 당연하다. 변동성은 조건이 맞으면 구매할 수도 있다. 하지만 노이즈는 반드시 팔아야 한다. 이런 점을 고려하면 MPTS와 일부 회사채에 대한 투자가 꽤나 매력적이라는 결론이 나온다. 단,

후자는 옵션이 너무 많아서 가치 있는 옵션과 노이즈인 옵션을 구분하기 쉽지 않다. 어쨌든 두 가지 상품 모두 채권발행자에게 효과적으로 판매할 수 있는 옵션을 포함하고 있다. 만약 옵션이 경제 펀더멘털에 따라 결정되었거나 노이즈가 포함되어 있지만 옵션의 가격에 반영되지 않았다면 모기지나 콜옵션채권을 구매하는 것도 다가오는 버틀러크릭 시대에 상대적으로 괜찮은 투자 수익을 올릴 수 있을 것이다.

어떤 면에서 노이즈 판매는 블랙먼데이 때 엄청난 비난을 받았던 포트폴리오 보험전략과 반대 개념이다. 포트폴리오 보험전략이란 풋옵션과 콜옵션을 구매해 투자 포트폴리오의 변동성을 최소화시키는 것이다. 처음에는 꽤 인기 있는 전략이었지만 변동성이 커질 때 시장에서 돈을 빠르게 움직일 수 없기 때문에 손해를 볼 수밖에 없었다.

노이즈와 트레이더들의 공포가 포트폴리오 보험전략을 파괴시켰다. 이 전략을 따르던 투자자들은 당시 노이즈를 구매했던 것이다. 그러나 우리는 반대로 지난 몇 년간 노이즈를 팔아 왔다.

투자시장에서 성공하려면 노이즈의 원리를 이해해야 한다. 노이즈는 수익률을 과대평가하기 때문에 채권 가격의 상승보다는 채권수익률에 더 집중하게 될 것이다. 그렇다고 신용 등급이 낮은 정크 본드에 투자하라는 것은 아니다. 콜옵션채권, MPTS 등이면 충분하다.

지금부터는 경기 성장이 느리고 수익률이 6%인 버틀러크릭 시대이기 때문에 모기지 조기 상환이나 채권 차환이 급격하게 늘지 않을까 걱정할 필요는 없을 것이다.

Chapter 10
아프리카로부터의 메아리
파생금융상품과 리스크 관리

· · ·

내가 아프리카에 대해서 노래한다면
점무늬 기린과 하이에나의 웃음에 대해
하루를 만나기 위해 떠오르는 불타는 태양에 대해
사자의 저녁거리 사냥이 믿겨지지 않을 만큼 고요한 아프리카에 대해 노래한다면
아프리카도 나에 대해 노래를 불러줄까?

만약 내가 아프리카에서의 한때를 기억한다면
내 어깨 위에 신부가 눈을 크게 껌벅거리며
니콘 카메라의 렌즈로 표범의 그늘을 쫓고,
검게 그을린 조상들의 고독을 깨뜨리던 그 때를 기억한다면
아프리카도 나와의 한때를 기억해 줄까?

만약 내가 아프리카의 이야기를 기억한다면
사라지고 있는 아프리카 대륙의 지금 이 순간을 알아준다면
지구의 시간에 비하면 짧은 시간 동안 존재하는 아프리카도
적어도 사라지기 전까지는
나의 이야기를 기억해 줄까?

— 아이작 디너센Isak Dinesen에게 동감하면서
  이 시를 쓸 수 있도록 영감을 준 아내 수에게 감사하며

나는 언젠가 아프리카를 여행한 적이 있었다. 내 시를 읽어보면 알겠지만 그때 기억은 지금까지도 생생하게 남아 있다. 생명의 기원까지는 아니지만 문명이 시작된 아프리카는 인간의 역사 전반을, 아니 인간이 존재하는 의미를 은근한 빛으로 밝히고 있다. 아프리카에는 낯선 아름다움이 존재한다. 잡아먹고 먹히는 잔인한 땅이지만 겉으로 드러나는 폭력 속에는 사랑이 내재되어 있다. 아프리카의 이런 점은 나의 삶과 닮았다. 그래서 아프리카에서 나와 독자들의 모습을 반추해 볼 수 있었다.

케냐 마사마라MasiMara 평원의 경쟁은 인간 사회에서의 경쟁과 비슷하다. 물론 인간의 삶은 좀 더 문명화되어 있고 끼니를 해결하는 것 이외에도 많은 우선 순위를 갖고 있다. 하지만 날마다 우리가 치르는 전투는 몇 세기 전과 비교해 별로 달라지지 않았다. 나는 인간이라는 생물이 크게 진화하지는 못했다고 생각한다. 인간이 만들어 낸 문명은 우리가 진화한 결과라기보다는 석유, 전기, 컴퓨터 칩 등이 만들어 낸 산물일 뿐이라는 생각이 든다. 그래서 '만약 우리의 정교한 상업 네트워크가 갑자기 붕괴한다면 사람들은 자기 자신과 가족만을 위해 행동할까?' 하는 의문이 든다. 아마도 내 생각에는 그럴 것 같다. 사자도 배가 부르면 집에서 키우는 애완용 고양이처럼 얌전하다. 하지만 배가 고프면 킬러로 돌변한다. 우리가 사자와 다른 점은 냉장고를 발명해 잡은 음식을 저장하는 법을 알아냈다는 것 정도다. 인간이 사랑하고 느끼고 웃으며 미소짓고 기도한다는 등의 이기적인 정의는 마치 하루에 한 끼만 먹어도 된다는 말처럼 가식적이며 변덕스럽다. 그래서 나는 아프리카에서 나와 독자들의 모습을 발견했다.

아프리카도 나를 기억할까? 우리가 지구에 남긴 흔적은 영원할까 아니면 우리의 삶처럼 단기적일까? 우리가 동물과 다른 점이 있다면 그것은 바로 우리는 우리의 삶이 영원하지 않다는 사실을 알고 있다는 것이다. 죽음에 대해 알고 있기 때문에 우리는 비록 사자처럼 서로 잡아먹고 잡아먹히는 동물에 불과하면서도 동시에 그보다는 한 단계 나은 동물이다. 우리는 죽기 때문에 자손을 남기려 하고 좋은 행동을 하려 한다. 우리 덕분에 더 좋아졌다고 믿고 싶어 한다. 하지만 내가 죽기 전까지 내 덕분에 더 좋아지는 것이 단 한 가지라도 생기기는 할까? 그 대상이 물건이건 사람이건 말이다. 나는 '존재의 의미' 같은 거창한 주제에 대해서는 잘 모르겠다. 하지만 나 때문에 더 나아지는 것이 단 하나라도 있었으면 좋겠다. 그래야 내가 느꼈던 행복과 절망의 순간들이 어느 정도는 의미 있게 느껴질 것 같다.

채권 돌연변이

1971년 나는 퍼시픽뮤추얼펀드 라이프인슈어런스 컴퍼니Pacific Mutual Fund Life Insurance Company에 첫 일자리를 얻었다. PIMCO사무실은 로스앤젤레스 중심가에 있었는데 나는 사무실 건물 지하에 있는 어마어마하게 큰 금고에서 채권에 붙은 쿠폰을 떼어내는 작업을 감독했다. 가위를 사용하지 않고 말 그대로 쿠폰을 뜯어냈는데 커다란 우표 묶음에서 우표를 한 장씩 떼어내는 작업과 비슷했다. 떼어낸 쿠폰은 우편으로 채권발행자에게 보내 제 날짜에 이자가 지급되도록 했다. 이것은 우편의 역사에 비유하자면 약 백년쯤 전 조랑말로 속달우편을 보내던 시기라고 할까? 낡고 오래된 방식이었고 채권 혁명의 문턱에 있는 정도라고 할 수 있다. 25년이 지난 후 채권 관리는 쿠폰을 떼어내는 작업이 아니라 시카고 거래소에서 정신없이 이루어지는 트레이딩과 선물 계약의 일일 거래량 등을 의미하게 되었다. 초록색 선글라스를 끼고 채권의 쿠폰을 떼어내 앞에 수북이 쌓아 놓고 있는 1971년의 채권사무실 사무원과 키가 195센티미터쯤 되는 거구로 매도 혹은 매수 주문을 외치는 현대의 트레이더를 비교해 보라. 내가 앞에서 왜 채권 혁명이라는 말을 썼는지 이해할 수 있을 것이다.

이 놀라운 변화에는 새로운 금융상품의 도입과 매매를 위한 기술

혁신도 포함되는데 이것은 전반적으로 투자 환경에 긍정적인 효과를 가져다 주었다. 상업의 세계화, 무역 장벽의 완화, 이머징마켓의 빠른 경제성장 등 상당 부분이 금융시장의 진화 혹은 혁명 덕분이다. 경제성장과 금융은 매우 복잡하게 얽혀 있는 공생 관계다. 그런데 최근 상당수의 투자자, 감독자, 정부 당국이 '파생금융상품'이라고 불리는 무정형의 금융상품에 대해 비난하기 시작했다. 일부 사람들은 파생금융상품을 거의 페스트 취급하듯 하고 가까이 하려 하지 않는다. 투자 고객들은 파생금융상품에 투자하는 펀드매니저를 거들떠 보지도 않는다. 파생금융상품으로 돈이 벌려도 사람들의 혐오는 가시지 않는다.

파생금융상품이 무엇이기에 갑작스럽게 모든 사람들의 눈 밖에 난 것일까? 파생상품은 채권에 연동되는 금융상품 혹은 일종의 채권이다. 예를 들어 1970년대 말에 만들어진 금융선물 또한 파생상품의 일종인데, 실제 채권을 거래하는 게 아니라 만기 시점에 채권 인도를 약속하는 계약이기 때문이다. 채권 옵션은 한 채권으로 발생한 소득(일반적으로 고정 금리 채권)을 다른 채권으로 발생한 소득(단기 금리에 따라 변하는 변동 금리)과 교환하는 금리스왑과 비슷하다. 또 다계층저당채권권, 저당담보부증권이 있는데, 이들은 일반 모기지론을 모아 다양하게 조각내어 모기지의 만기를 더욱 세분화한 상품인데, 이를 CMO이라 부른다.

이들 상품을 적절하게 활용하면 금리 변동에 따른 리스크를 헤지 및 관리할 수 있다. 투자 리스크를 줄여 주는 대신 수익이 약간 줄어드는 파생금융상품도 있고, 이와 반대로 리스크를 늘리면서 더 많은 수익을 내도록 해주는 상품도 있다. 파생금융상품이 원래부터 나쁜 것만은 아니다. 파생금융상품은 원자력과 비슷하다. 잘 사용하고 처리하면 여러 가지 혜택을 가져다 주지만 잘못 다루면 파괴적인 결과를 낳는다. 예를 들어, 어떤 채권 및 주식 펀드매니저가 한 산업군에

현명한 투자자 모기지 파생상품

대부분의 파생상품은 투자 대상을 쪼개어 분할 매각해 만들어진다. 모기지 파생상품도 같은 방식으로 만들어진다. 투자은행이 모기지를 모은다. 미국 여러 곳에 위치한 주택 모기지 1,000개를 모았다고 가정해 보자. 이들을 매월 갚는 원금과 이자(그리고 조기 상환 가능성) 등을 반영하여 수적 카테고리로 분할한다. 예를 들어 첫 24개월 동안 지급되는 부분을 묶어서 하나의 CMO 파생상품으로 분류한다. 이 CMO를 구매한 투자자는 만기가 명확한 단기 채권을 갖게 된다.

하지만 만기가 이보다 훨씬 먼 경우, 예를 들어 만기가 268개월~280개월이라면 원금 및 이자 지급이 훨씬 불확실해진다. 1,000개 모기지 중 다수는 268개월 전에 조기 상환 될 가능성도 있다. 따라서 만기가 먼 상품과 관련된 투자은행은 실망하고 이 때문에 CMO의 가치는 하락한다.

대한 주식이나 채권 점유율을 줄이려 한다고 생각해 보자. 채권이나 주식을 판매하기 보다는 이보다 유동성이 높은 금융선물을 판매하면 저렴한 비용을 들여 빠른 시간 내에 목적을 달성할 수 있다. 반대로 주가지수연동선물을 구매하면 순식간에 시장 지분을 높일 수도 있다. 그 후 천천히 적절한 가격에 제공되는 상품을 쌓기만 하면 된다. 최근 조기 상환율의 변동성이 커서 피해를 본 투자자가 여전히 모기지로 돈을 벌려고 한다면 특정 만기 시점의 CMO를 구매해 조기 상환으로 인한 리스크를 줄일 수 있다.

파생금융상품의 리스크

불행하게도 파생금융상품이 유명세를 타기 시작한 이유는 이런 장점들 때문이 아니었다. 파생상품은 캘리포니아 오렌지 카운티 지방정부가 파산하는 데 일조를 하면서 신문기사 지면을 장식하기 시작했다. 회의론자들과 규제 당국은 당연히 파생상품의 리스크에 대해 주목하기 시작했다. 그리고 특정 파생상품이 투자가치가 있는지를 결정하기 위해서는 먼저 리스크를 분석해야만 했다. 그렇다면 파생상품이 가진 리스크는 무엇일까?

먼저, 신용 위험이다. 이것은 상대 계약자가 약속한 금액을 지불을 하지 못했을 때 발생한다. 파생상품과 관련해 수탁 기관, 증권사, 은행, 청산소는 이자와 증거금을 모아서 지급한다. 만약 금융선물 계약이 상승하면 롱(매수자)은 일일유지 증거금을 받고 숏(매도자)은 이를 지불해야 한다. 청산소 혹은 중개인은 손해를 본 투자자들에게 돈을 받아서 수익을 낸 투자자에게 지급한다. 따라서 결산은 매일 정확하게 이루어진다. 청산소가 적절하게 통제되고 지불상환능력을 갖추고 있으면 금융선물 계약자들은 큰 자산을 벌 수 있다. 청산소는 부채가 쌓이는 것을 방지하고 모든 참여자들을 보증해야 한다.

여기서 각 중개인의 신용도와 선물계약의 합법성을 분석하는 것이 무엇보다 중요하다. 중개인으로 나선 일부 은행이나 증권회사가 많은 부채를 가지고 있는 경우가 있다. 이들은 재무제표 상에서 부채를 숨기지는 않지만 정확하게 평가를 할 수 없게 만들어 놓곤 한다. 이런 경우 파생금융상품 자체가(금리스왑이건 옵션이건 기타 어떤 파생상품이건) 위태롭게 된다. 개인투자자들이 이 신용 위험을 철저히 분석하기란 거의 불가능하다. 따라서 파생상품에 관심이 있는 개인 투자자들은 금융선물과 옵션 등 정부가 규제하는 거래소에서 이루어지는 파생상품에만 투자하는 것이 좋다. 반면에 기관투자자라면 매일매일 정보를 얻고 분석을 해야 파생상품 시장에서 살아남을 수 있다. 그렇지 않으면 큰 사고를 당할지도 모른다.

현명한 투자자 리스크의 종류

투자자들은 돈을 잃을 가능성을 리스크라고 생각한다. 하지만 필요한 투자 행위를 하지 않아 투자 기회를 잃을 때도 리스크가 발생한다. 전자에 대한 두려움 때문에 보수적인 투자자들은 필요 이상 몸을 사리곤 한다. 후자에 대한 두려움으로 공격적인 투자자들은 기회를 잡기 위해 과도하게 투자한다.

이 두 가지 리스크 외에도 투자자들이 알아야 할 특정 분야의 리스크가 있다.

영업 위험과 금융 위험

영업 리스크나 영업 레버리지(이자 비용이나 임대료 등 고정비용이 높음)가 큰 기업은 불황에 취약하다. 금융 레버리지와 관련된 금융 위험은 기업의 재무제표 상에 기록된 부채를 뜻한다. 부채가 많을수록 리스크가 크다.

금리 위험

채권과 주식은 금리 변동에 취약하다. 채권발행자의 신용 등급이 최고 수준이었지만 발행한 채권 가치는 30%까지 하락한 적이 있었다(1981년). 그 이유는 금리 변동이 가속화되었기 때문이었다.

유동성 위험

기업의 영업 실적이 좋다고 하더라도 주식을 판매할 시장이 형성되어 있지 않은 상태에서 빨리 주식을 처분하려다 손해를 볼 때가 있다. 일단 사람이 많아야 안전하다. 그래야 들어가기도 쉽고 빠져나오기도 쉽다.

신용 위험 이외에 파생금융상품이 위험한 이유는 파생금융상품의 성격이 빠르게 변화하기 때문이다. 모두들 험피덤피Humpy Dumpy 노래(미국 자장가로 '험피덤피는 담에 앉아 있었네, 험피덤피는 담에서 떨어졌다네, 왕의 신하들과 왕의 말들 중 그 누구도 험피덤피를 전처럼 되돌려 놓을 수는 없었네' 라는 내용이다)를 알고 있을 것이다. 험피덤피는 동그란 알이었고 자기 왕국의 기둥이었다. 하지만 그가 큰 담벼락에서 떨어질 때 왕의 신하들과 말들도 그를 구할 수 없었고 결국 험피덤피는 산산조각이 났다.

험피덤피 이야기는 지난 몇 년간 일어난 오렌지 카운티와 여타 기관들의 금융 실패와 비슷하다. 당시 파생상품의 기반이 되었던 대상 자산은 험피덤피 달걀 같았다. 채권과 모기지 가격은 금리의 변동에 따라 등락을 거듭했다. 파생상품들은 그 달걀의 조각들이었다. 투자자들은 마음에 드는 특성을 가진 파생상품을 구매했다. 그러나 일부 조각들은 알기 어려운 특성을 가지고 있어 변화하는 경제 시나리오 속에서 어떻게 변할지 알 수 없었다.

IOs(이자만 내는 모기지), POs(원금을 내는 모기지), 인버터 플로터, 그 외 남은 것을 다 쓸어 넣어야만 부엌 개수대 같은 채권 등 여러 모기지 파생상품을 수익률이 약간씩 다른 단기 혹은 장기 채권으로 만들 수 있다. 그런데 이들을 으깨서 섞고 레버리지를 하며 '금리' 라는 뜨거운 불에서 요리하면 오렌지 카운티의 금융 실패 같은 끔찍한 사

험피-현금채권   험피-파생금융상품

건이 발생한다.

하지만 문제는 파생상품이 아니라 이들을 요리한 요리사에게 있었다. 당시 요리사였던 투자 포트폴리오 매니저들은 파생상품을 어떻게 요리해서 오믈렛을 만들어야 할지 몰랐다. 게다가 다른 데 신경을 쓰느라 금리가 얼마나 뜨거운지 알지 못했다. 파생상품은 그저 달걀의 조각들에 불과했고 큰 문제가 있는 것은 아니었다.

따라서 현재 투자자들은 자신의 파생상품 요리를 어떤 요리사에게 맡길지 고민해야 한다. 아니면 스스로 요리사 모자를 쓰고 요리를 할 수도 있을 것이다. 개인투자자라면 이미 익은 달걀 같은 파생상품을 선택하는 것도 좋다. 즉 정부가 규제하는 거래소에서 판매하는 파생상품이나 옵션을 구매하는 것이다. 혹은 GNMA 같은 정부 기관이 지급을 보증하는 모기지 채권에 투자하는 것도 좋다. 단 기업의 연금이나 401(k)연금을 관리하는 수탁자들은 자신이 선택한 뮤츄얼펀드나 펀드매니저들이 파생상품의 평균 만기 및 상환 기간 변화를 제대로 모니터하고 있는지 꼼꼼하게 감독해야 한다. PIMCO 캘리포니아 뉴포트해변 사무실에는 투자 고객이나 투자 고문들이 찾아오곤 한다. 이들은 어떤 때는 며칠씩 머물면서 우리 PIMCO사가 매일 900억 달러나 되는 돈을 어떻게 모니터하는지 체크하곤 한다. 우리가 질문에 만족스럽게 대답하지 못하면 이들은 가차 없이 다른 투자 회사를 선택한다. 펀드매니저들은 투자자들에게 반드시 솔직하고 이해하기 쉬운 설명을 해 줄 의무가 있다. 파생상품의 험피덤피 달걀이 투자자가 기다리던 맛있는 오믈렛이 아닌 거대한 달걀프라이가 될지도 모르기 때문이다. 고심해서 펀드매니저를 고르거나 투자 포트폴리오를 구성하지 않으면 다른 사람에게 먹힐지도 모르니 조심해야 한다!

BILL GROSS ON INVESTING

Part 4

투자수익률 6% 시대의
매력적인 투자상품

● 버틀러크릭 시대에 돈을 어디에 묻어 두어야 할지 몰라 당황스러워 하는 투자자들을 위해 미국 정부가 잠재적인 해결책을 고안해 냈다. 투자시장에서 오랫동안 일했던 내가 보기에도 이 상품은 리스크가 거의 없고 장점은 많아 앞으로 몇 년간 투자자들을 즐겁게 만들어 줄 것으로 보인다. 이것은 바로 물가연동채권으로 나는 이 상품에 기대가 굉장히 크다.

Chapter 11

천국의 포트폴리오
투자수익률 6% 시대의 투자 전략

"내가 천국에 들어가면 신발을 벗고
하나님의 천국 이곳저곳을 걸어 다니겠네."

여름은 살기 좋다. 하지만 인생에는 반드시 4계절이 있고 그중 나는 겨울을 제일 싫어한다. 겨울은 춥고 쌀쌀한 바람이 분다. 미리 겨울을 준비한다고 해서 7월 어느 날 오후의 따뜻함이 줄어들지는 않는다. 오히려 그 반대다.

가족, 친구, 때로는 병원에서 낯선 사람들의 임종 순간을 우연히 목격하게 되면 왜 이들이 죽고 싶어 하는지 쉽게 이해할 수 있다. 무엇보다 계속해서 자신을 덮쳐 오는 육체적 고통과 그로 인한 피로를 참을 수 없기 때문이다. 또 다른 이유는 살아야 할 이유가 없기 때문이다. 사랑하는 사람이나 친구들은 이미 저세상으로 떠났고 아이들과 손자, 손녀들은 자신과는 별개의 삶을 살고 있어서 주위에 남아 있는 사람이 별로 없다. 사실 70세나 80세쯤 되면 인생이 더 이상 새로울 것도 없다. 100년을 더 살아 봐야 지금까지 겪었던 인간사를 몇 번 더 겪을 뿐이다. 전에도 다 겪었던 일들이고 살아갈수록 겪는 횟수만 늘어날 뿐이다. 기쁜 일, 사소한 일, 배신, 회복 따위의 사건이 반복된다. 게다가 몸까지 아프면 정말 다시 겪어야 할 가치가 없다. 또 계속 살아가기 위해 들어가는 비용도 엄청난데 연로하다 보니 들인 돈의 본전을 찾기도 어렵다.

그런데 사람들이 죽고 싶어 하는 또 다른 이유가 있다. 내세가 현세보다 좋다고 믿기 때문이다. 현대 서구사회에서는 종교적 의미가 많이 퇴색되어 요즘 사람들은 죽으면 반드시 천국에 갈 거라고 믿기보다는 막연히 희망하는 정도다. 그렇지만 이런 희망 때문에 죽음을 약간이나마 받아들이기 쉬워진다. 과거 종교의 영향력이 매우 강했던 시대에는 사람들은 죽으면 당연히 천국에 간다고 확신했다. 헨리 8세의 두 번째 왕비였던 앤 불린Ann Boleyn은 29살의 나이에 간통과 근친상간의 누명을 쓰고 교수형에 당하게 되었을 때 가능한 한 빨리 목을 베어 달라고 요구했다. 그녀는 "형 집행자가 머리를 잘 벤다고 들었다. 게다가 나는 목도 짧지 않은가"라면서 위안을 삼았고 형장에 모여 있는 군중들에게 헨리 8세를 위해 기도해 달라고 부탁했다. 그녀가 이렇게 대범할 수 있었던 이유는 자신이 천국에 가게 될 거라고 확신했기 때문이었다.

엉뚱하게도 나는 앤 불린이 천국에 가서 기뻤을지 궁금하다. 앤 불린을 비롯해 수많은 사람들은 천국에서의 삶이 어떻다고 생각하는 걸까? 천국에 가면 왜 좋을 거라고 생각하는 걸까? 단순히 영생을 얻었다는 기쁨에 젖어 일종의 정신적 오르가즘을 느끼면서 데굴데굴 구르면서 웃고 있는 걸까? 아니면 먼저 저 세상으로 떠난 친지들을 만나 보고 싶었던 걸까? 사실 천국에서는 재미있는 일이라곤 없지 않을까? 예를 들어 천국에서 칵테일 파티를 열었다고 가정해 보자. 살아 있었을 때처럼 파티 한 구석에서 다른 사람 험담을 늘어놓을 수는 없지 않은가? 천국에서 미식축구라도 열렸다고 가정해 보자. 샌프란시스코 포티나이너스 천국팀과 달라스 카우보이 천국팀이 경기를 하기라도 하나? 설사 미식축구를 한다고 하더라도 구름 위에서 경기를 어떻게 할 수 있을까? 서로 구르면서 공기나 마시는 것이 고작이지 않을까? 확실히 쿼터백 태클은 못할 것 같다. 내 말은 앤 불린을 비롯해 천국에 간다고 믿는 많은 사람들은 대체 천국에서 무엇을 하려고 하는지 모르겠다는 뜻이다. 혹시 독자 중 천국에서 할 일에 대한 리스트가 있거나 리스트를 얻을 수 있는 방법이라도 아는 사람이 있다면 내게도 귀띔해 주기 바란다. 나도 준비를 좀 해야 할 것 같으니까 말이다.

| 인플레이션 2% 시대

나는 천국이 어떤지 잘 모르지만 앞으로 몇 년간 천국 같은 투자 포트폴리오를 구성하는 방법에 대해서는 알고 있다. 앞에서는 21세기가 될 때까지 향후 몇 년간 경제 및 투자 환경이 어떻게 될지 설명했다. 또 이 새로운 환경에 맞는 투자법을 몇 가지 조언했다. 여기까지 이 책을 꼼꼼하게 읽은 독자라면 앞으로 미국과 세계경제가 계속 번영하고 인플레이션은 감소할 것으로 예측할 것이다. 나는 앞으로 상당수의 선진국에서 인플레이션이 2%대 정도가 아닐까 생각한다. 그 이유는 다음 5가지 요인 때문이다.

첫째, 무역 환경의 세계화 때문에 근로자의 임금 성장이 둔화될 것이다. 멕시코, 중국, 인도, 그 외 제3세계의 값싼 노동력 때문에 선진국 근로자의 임금 상승이 저해되고 경쟁력 또한 약화될 것으로 보인다. 게다가 1990년대에 들어서 몇 년간 미국 기업들의 규모가 적어지면서 미국 근로자들은 그나마 있던 영향력마저 잃었다. 이와 같이 근로자의 임금 상승 가능성이 거의 없는 상황에서 인플레이션이 유발될 수 있는 유일한 요인은 생필품 가격이 상승하는 것뿐이다. 하지만 앞으로 통화와 금융의 긴축 환경 속에서 생필품 가격이 상승할 가능성은 적어 보인다.

둘째, 중앙은행과 각 정부는 자본시장 자경단원들의 의견을 경청

해야 한다. 주식·채권·통화 투자자 및 투기자들의 능력이 강화되면서 심지어 국가 정책까지 좌지우지할 수 있게 되었다. 투자자 및 투기자들은 특정 국가의 상황이 좋지 않다고 판단되면 투자금을 빠르게 회수해 해당 국가의 경제를 혼란에 빠뜨릴 수 있다. 1994년 멕시코의 경제 위기가 바로 그 대표적인 예다. 물론 자본시장의 자경단원들이 늘 압도적인 영향력을 행사할 수 있는 것은 아니지만 이들의 영향력을 무시할 수는 없기 때문에 중앙은행 및 정부의 금융정책은 보수적인 노선을 따를 수밖에 없다. 깅그리치가 주도했던 미국 의회의 정책은 유순한 정부를 원하는 미국 유권자들의 요구를 수용한 것이기도 했지만, 한편으로는 세계적인 지배력을 가지고 있는 자본시장 자경단원들의 요구에 부응한 것이기도 했다. 이런 환경에서 앞으로 몇 년간 인플레이션이 상승 압력을 받을 것 같지는 않다.

셋째, 선진국들의 인구 변화 또한 인플레이션이 앞으로 낮게 유지될 가능성을 한층 더 높이고 있다. 일본, 유럽, 미국의 인구는 빠르게 고령화되고 있으며, 따라서 저축률이 높아질 것이다. 더욱 중요한 것은 지난 10년간 활발했던 소비 추세가 근시일 내에 되풀이될 것 같지 않다는 점이다. G7국가에서는 소비의 주축인 20대가 전체 인구에서 차지하는 비중이 점점 줄어들고 있다. 미국에서 소매점이 문을 닫고 도산하는 비율이 대공황이후로 가장 높은 것은 우연이 아니다. 소비가 감소하는 상황에서 인플레이션이 고개를 들고 활개치는 일은 없을 것이다.

넷째, 미국 기업들의 생산성은 앞으로 꽤 오랫동안 향상될 것이다. 그 이유는 기업이 규모를 줄이고 생산성이 낮은 근로자들이 일을 그만두었기 때문이기도 하지만, 무엇보다 근본적인 원인은 컴퓨터 사용이 크게 증가하고 새로운 최첨단 기술의 발전 덕분에 인간과 컴퓨터 간의 협업이 능률적으로 개선되었기 때문이다. 또한 몇 년간 공장과 기계(도구, 생산 시설 등)에 관한 투자가 크게 증가한 것도 미국 생산성 향상의 원인이다. 생산성 증가 덕분에 1970년대 인플레이션의 주범이던 공급 병목현상과 그에 따른 가격 상승이 유발될 가능성이 줄어들고 있다. 이 모든 상황이 인플레이션 발생을 예방하고 있는 것이다.

다섯째, 미국 정부, 기업, 소비자들의 부채 수준이 너무 높다. 그런데 이것은 비단 미국뿐만이 아니다. G7국가 모두 높은 부채 수준을 기록하고 있다. 부채가 많으면 소비가 증가되기 어렵다. 따라서 연간 소비 증가율은 3%~4% 이하를 밑돌게 될 것이다. 이 또한 인플레이션 발생을 막는 요소다.

이 모든 조건 때문에 앞으로 인플레이션 및 실질GDP 성장이 낮게 유지될 것으로 보인다. 모든 상황이 1950년대 말에서 1960년대 초반과 유사하다. 그때 태어나지 않았거나 너무 어려서 기억나지 않는다면 〈그림 11-1〉을 참고하기 바란다. 〈그림 11-1〉은 1957년부터 1965년까지 채권 금리의 변화를 나타낸 그래프다.

채권 금리가 꽤 낮으면서도 끊임없이 변화하고 있다. 이것이 바로 버틀러크릭 환경이다. 다만 1958년처럼 채권 금리가 4%까지 하락할 것 같지는 않다. 4%대 채권 금리는 전 세계에 퍼져 있는 자본에 대한 과도한 요구이고, 게다가 인플레이션이 급등했던 1970년대와 1980년대를 거쳐온 현명한 투자자들이 도처에 존재한다. 믿는 것도 한계가 있어서 채권수익률이 4%대에 오래 머무른다면 사람들은 채권을 팔아 수익을 실현하기 위해 줄을 설 것이다. 이렇게 되면 당신의 수익도 안전할 수는 없다! 따라서 채권수익률이 5%~7% 정도로 유지된다고 보는 것이 합리적일 것 같다. 또한 채권에서 평균 6% 정도의 투자 총수익을 예상할 수 있다. 채권의 투자수익률이 6%대를 기록하면 주식도 그보다 훨씬 높은 수치를 달성하기는 어렵다. 일반적으로 경제성장이 완만할 때 주식은 채권의 투자수익률에 비해 3% 정도 높다. 결국 주식 투자 또한 두 자리 대의 수익률을 기대하기는 어렵다는 결론이다.

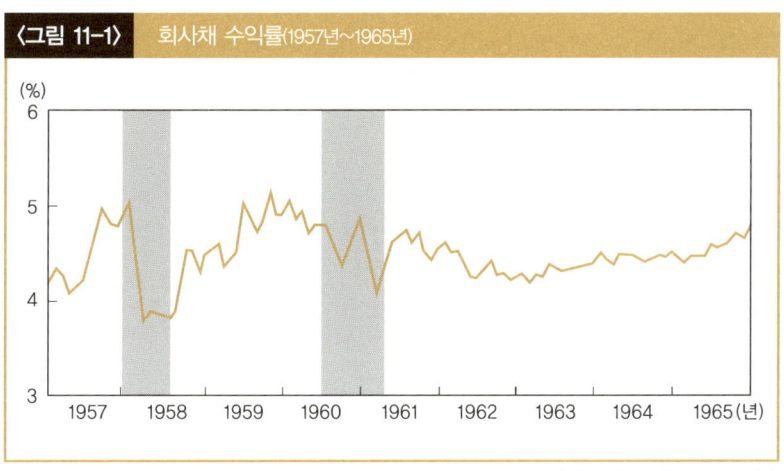

(자료 제공 : 살로몬 브라더스)

수익 vs 가격

이처럼 '지루한' 경제 및 투자 환경에서 투자자들은 어떻게 해야 할까? 나는 지금 같은 상황을 '천천히 성장하는 스프'라고 부르곤 하는데, 그럼 투자자는 이 스프를 어떻게 먹고 소화시켜야 할까? 세부적으로 들어가기에 앞서, 전반적인 원칙에 대해 설명해 보겠다. 앞에서 언급했던 것처럼 투자자가 얻는 총수익은 소득과 가격의 변화를 합한 값이다. 채권은 채권 금리와 채권 가격의 합이고 주식은 배당금과 주식가격의 합이다. 1982년 이후의 투자시장처럼 역동적인 강세장에서는 주식이나 채권의 가격 상승이 투자 총수익에서 차지하는 비율이 상당했다. 이 때문에 과거 채권수익률만 보고 채권뮤추얼펀드를 구매한 개인투자자들은 시장의 총수익을 보고 접근한 투자자에 비해 성과가 좋지 않았다. 다시 말해 이자 수익을 극대화하려던 투자자들은 단기적으로 성공했을지 몰라도 장기적인 총수익은 그렇게 좋지 못했는데, 채권의 가격이 상대적으로 덜 상승했기 때문이다(〈그림 11-2〉 참조).

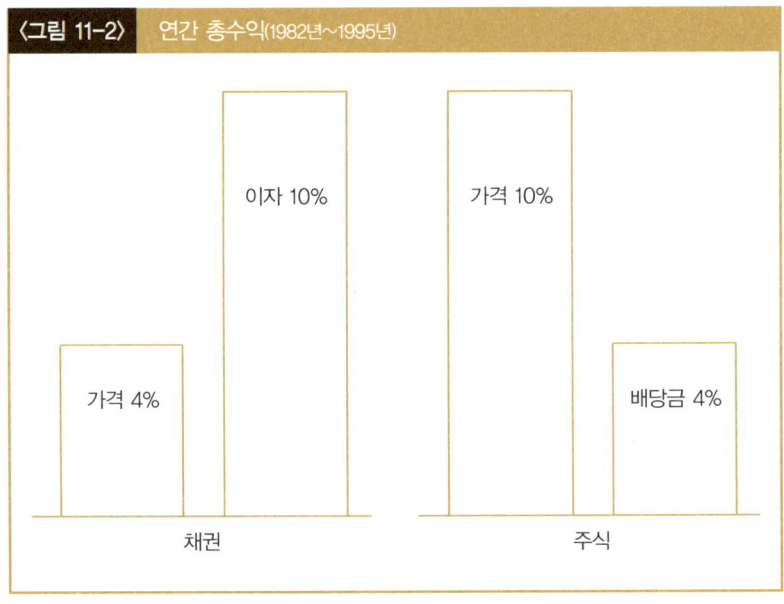

역동적인 강세장 혹은 약세장에서 주식 및 채권 투자에 성공하려면 채권 이자나 배당금 수익보다는 주식과 채권의 가격을 주목해야

한다. 채권의 경우 일반적으로 채권 가격보다는 채권 이자가 전체 총수익에서 더 많은 부분을 차지한다. 하지만 총수익이 크게 달라지는 원인은 바로 가격이다. 주식의 경우 가격이 얼마나 중요한지는 논쟁 자체가 무의미할 정도다. 그러나 버틀러크릭 시장처럼 가격이 폭등하지 않고 소폭으로 상승 및 하락하는 시장에서는 과거와는 다른 이론적 및 철학적 접근 방법이 필요하다. 투자자는 과거의 투자 방법에서 유턴해 채권 수익에 집중해야 한다. 즉 자본소득보다는 소득을 극대화해야 한다(〈그림 11-3〉 참조).

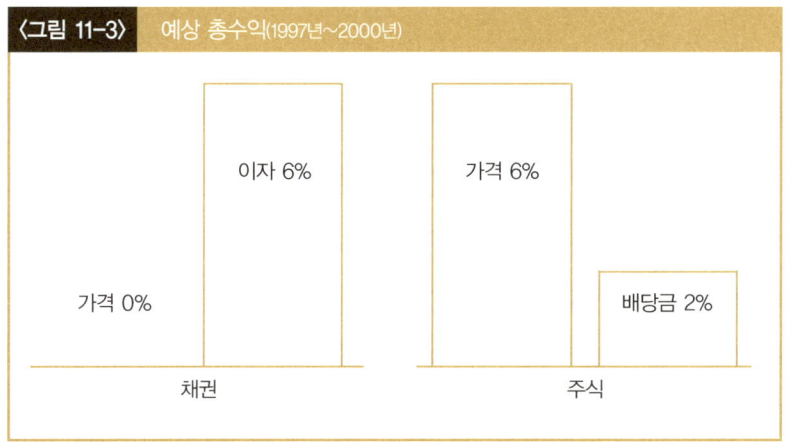

그런데 이런 접근 방법을 주식시장에 적용하기에는 한계가 있다. 버틀러크릭 시대라고 투자 포트폴리오를 공공주나 S&P500 중 고배당주식으로만 구성할 필요까지는 없다. 아무리 정체된 시장이라

도 주가가 상승하는 종목은 있기 마련이다. 특히 해외시장으로 눈을 돌리면 더욱 그렇다. 게다가 개인투자자의 경우 주식가격 상승으로 얻은 자본소득에 따른 세제 혜택도 상당하기 때문에 반드시 이를 활용해야 한다.

하지만 채권은 다르다. 지금부터 채권 투자에 성공하기 위해서는 소득을 늘려야 하는데 어떻게 늘리느냐가 관건이다. '채권수익률을 높여야 한다'고 하지 않고 굳이 '소득을 높여야 한다'고 표현하는 데에는 그럴 만한 이유가 있다. 수익률이 높은 채권에는 신용 등급이 Ba이하인 정크본드도 포함되기 때문이다. 예외적인 상황이 아니라면 채권 포트폴리오에서 정크본드는 빼도록 한다. 물론 매력적인 정크본드가 있다면 투자 포트폴리오의 일부를 할애해서 수익을 올릴 수도 있을 것이다. 하지만 기본 전략은 국채, A 혹은 Baa등급의 회사채, MPTS 등 신용 등급이 높은 채권으로 포트폴리오를 구성해 소득을 극대화하는 것이다.

| 소득을 늘리는 방법

그렇다면 추가적인 리스크를 감수하지 않으면서도 신용 등급이 높은 채권에 투자해 소득을 늘리는 방법은 무엇일까? 리스크를 감

수하지 않으면서 수익을 높이기는 쉽지 않다. 유일하게 리스크가 없는 채권 자산은 단기 재무부 채권뿐이다. 그 외에는 시장의 변동성에 반응하고 금리와 신용에 관련된 변화가 있을 때마다 채권 가격이 등락을 거듭한다. 따라서 투자자가 어떻게 하든 단기 재무부채권 이

현명한 투자자 고수익채권

> 1990년대에는 채권수익률이 높다고 하면 정크본드를 뜻했다. 이들의 성과가 괜찮을 때는 좀 더 나은 명칭으로 불리지만, 성과가 좋지 않을 때에는 다시 정크본드라고 불린다. 이론적으로 무디스Moodys나 스탠다드 앤드 푸어Standard & Poor의 신용 평가 기관이 BB등급 이하로 평가한 채권은 고수익채권으로, BBB등급 이상은 투자 등급으로 분류한다.
> 나는 고수익채권도 잘만 활용하면 꽤 짭짤한 수익을 올릴 수 있다고 생각한다. 단, 두 가지를 명심하라. 첫째, 고수익채권 중에서도 높은 등급의 채권에 투자하라. B나 C등급 채권을 발행하는 기업들도 많은데 이들은 대부분 파산 위기에 몰려 있을 가능성이 많고 이들이 발행한 채권은 1페니짜리 주식만큼이나 위험하다. 따라서 가능하면 BB등급 정도에 투자하도록 하자. 둘째, 정크본드는 신용 등급이 낮기 때문에 단기적으로 주식시장과 비슷한 패턴을 보이지만 경제와 주식시장이 좋지 않을 때에는 형편없는 성과를 낸다. 하지만 기본적으로 채권수익률이 여타 상품에 비해 평균 3%~4% 정도 높기 때문에 장기적으로 투자하면 꽤 높은 수익을 낼 수 있다.

상의 중장기 채권들은 늘 리스크를 동반한다. 일부에서는 리스크를 피하는 데에만 급급하고 또 일부에서는 수익을 높이는 데에만 혈안이 되어 있는데, 최선의 방법은 최소한의 리스크는 감수하면서 수익을 극대화하는 전략을 찾는 것이다.

버틀러크릭 환경에서는 채권 금리가 5%~7% 내에서 완만하게 이동하기 때문에 변동성이 그다지 높지 않으므로 리스크가 낮은 편이다. 일단 장기 재무부채권의 금리가 7% 이상 상승하지 않으면 1960년대와 1970년대 투자자들보다는 성공한 것이다. 1960년대 및 1970년대에는 채권 금리가 10%대 후반까지 치솟으면서 채권 가격이 계속 하락했다. 투자자들은 자산이 빠르게 잠식되어 마치 압수당한 것같이 느껴진다고 해서 채권을 '압수된 증권'이라고 부르기까지 했다. 하지만 앞으로 향후 몇 년간 채권 투자로 돈을 잃을 가능성은 매우 적다. 덕분에 버틀러크릭 시대가 아니었다면 무모하다고 할 수 있는 수준까지 채권 만기를 연장할 수도 있을 것이다. 따라서 다음 같은 투자 전략을 추천한다.

첫째, 채권 투자 포트폴리오의 만기를 연장하라.

투자 포트폴리오를 몽땅 30년 만기 장기 채권으로 구성하라는 것이 아니다. 다만 향후 몇 년간 MMF나 단기 채권은 별 재미를 보지 못할 것 같다. 반면 중기 채권펀드나 만기가 5년~7년 정도인 채권으로 포트폴리오를 구성하면 괜찮은 투자 성과를 낼 수 있을 것이다. 채권펀드매니저들이 '수익률곡선을 펴서 내리다'라고 표현하는 현상이 앞으로 몇 년간 벌어질 것으로 보이는데, 이는 발행한 지 7년이 되어 가는 중기 채권의 수익률이 30년 만기 장기 재무부채권의 수익률과 비슷하거나 심지어 넘어서는 상황을 말한다.

둘째, 해외시장에 투자하라.

세계는 매력적인 채권 및 주식 투자 기회로 가득 차 있다. 투자 포트폴리오를 미국 내로만 제한하는 것은 어리석은 짓이다. 유럽에도 매력적이면서도 신용 등급이 높은 채권 투자 기회가 많고, 이머징마켓에 수익률이 11%~15% 정도이고 미국 정부가 부분적으로나마 지급을 보증하는 채권들도 있다. 또 평균 이상의 성장률을 기록하고 있는 아시아와 일부 남아메리카 국가의 주식에 투자하는 것도 좋다.

셋째, 채권의 조기 상환 리스크를 활용하자.

회사채나 MPTS는 조기 상환 리스크가 수반된다. 채권발행자가 옵션을 행사해 만기 이전에 채권을 상환할 가능성이 있기 때문이다. 물론 조기 상환은 투자자에게 부정적이다. 하지만 그 대신 연간 0.25%~1.5%의 수익률을 추가로 더 지급한다는 장점이 있다. 시장이 강세장을 지속적으로 이어왔을 때는 이는 별로 유리하지 않은 베팅이다(대부분 만기 이전에 채권이 상환되기 때문이다). 하지만 앞으로는 시장 변동성이 줄어들 것이기 때문에 이들 상품이 지급하는 높은 이자는 결국 투자수익률 증가로 이어질 것이다.

넷째, 미국 물가연동채권에 투자하라.

1997년 초반 미국에서 처음으로 발행된 물가연동채권은 채권의 상환 기간 동안 인플레이션을 3% 이상 상쇄하는 효과가 있었다. 지난 50년간 채권 투자 역사 속에서 인플레이션 헤지에 이 정도로 성공한 예는 거의 없었다. 앞으로 인플레이션이 유발될 가능성은 적지만 혹시라도 내 예측이 빗나간다면 물가연동채권 상품이 크게 도움이 될 것이다.

다섯째, 주식이 항상 채권보다 나은 것은 아니다.

물론 아주 장기적으로는 채권보다 주식이 낫다. 하지만 10년의 한정된 기간 동안 채권이나 MMF가 주식보다 나았던 적도 있었는데 1970년대 초반이 그 대표적인 예다. 그렇기 때문에 투자 포트폴리오를 100% 주식으로만 구성하는 것은 잘못이다. 특히 버틀러크릭 시대에 채권이 보장하는 '소득'을 생각하면 더욱 그렇다(기관의 기금을 운용하는 사람들은 이 점을 명심하고, 주식과 채권의 일반적인 구성 비율인 60 대 40을 계속 유지할지 결정하도록 하자).

앞으로 이들 전략에 관해 더욱 상세하게 설명하도록 하겠다. 무엇보다 지금부터 펼쳐질 버틀러크릭 시대에서는 전과는 다른 새로운 주식 및 채권 투자 방식이 필요하다는 사실을 명심해라. 앞으로는 투자 총수익이 고공 행진을 거듭하지 않을 것이다. 하지만 내가 제안한 투자 전략을 따른다면 적어도 돈을 잃을까 전전긍긍하면서 잠을 설칠 일도 없을 것이고, 마치 천국의 구름 위에 있는 것처럼 편안하게 잠을 잘 수 있을 것이다.

Chapter 12
남자들은 말썽쟁이
투자수익률 6% 시대에 수익률곡선 타기

· · ·

남자는 여자와 함께 살 수도 없고 여자 없이도 살 수 없다. 우리 남자들은 얼굴에 난 여드름을 짜던 소년 시절부터 이 명제를 알고 있었고 여자들도 남자들에 대해 같은 생각을 가지고 있다고 짐작한다. 하지만 나는 잘 모르겠다. 정말 여자들이 남자 없이 살 수 없을까? 생물학적으로 남자는 정자를 제공해 인간이 멸종되지 않도록 한다. 그러나 도덕적으로는 별 볼일 없다. 남자들은 모든 전쟁을 일으킨 주범이고, 선악과를 먹은 후 아담이 이브에게 가슴을 가리기보다는 치마를 만들어 입는 것이 어떠냐고 충고했을 때부터 남자들은 여자들에게 논쟁거리를 제공했다. 사교성도 형편없다. 스포츠와 관련없는 사건이나 대화에서는 머뭇거리면서 말을 더듬기 일쑤고, 한 시간 동안 시계를 열 번은 족히 넘게 쳐다보다가 결국에는 아내의 치맛자락을 붙잡고 집에 가도 된다는 허락이 떨어지기만을 기다린다. 남자들이 이런데 여자들은 정말 남자 없이 살 수 없다고 생각할까?

게다가 언제부터인가 남자들의 전유물이었던 영역에 여자들이 침입하기 시작했다. 여자들은 축구를 하고 심지어 시가도 피운다. 그래도 멋져 보인다. 언젠가 아내와 함께 시가 판매대로 걸어간 적이 있었다. 아내는 내 뒤에 서 있었는데도 시가 판매원은 아내에게 "도와드릴까요, 부인?"이라고 물었다. 나는 거들떠보지도 않았다. 나는 언제나처럼 겁쟁이지만 이제는 내가 가장이라는 사실조차 전 우주가 용납하지 않는 것 같다. 마초맨은 없다. 겁쟁이만 남았을 뿐이다. 남자들은 그저 감자 칩과 맥주 한 잔을 들고 TV나 보다가 아내가 부르면 대답이나 하는 존재가 되어 버린 것 같다. 여자들은 내 말 뜻을 충분히 이해할 것이다.

유일하게 아직 남자만 할 수 있는 일이 있다면 바로 가구를 옮기는 것이다. 겨우 55킬로그램 정도 나가고 팔이 부러질 것 같으면서도 파스타나 샐러드만 먹는 여자들이 소파나 냉장고를 옮기는 모습을 어떻게 보고만 앉아 있을까? 가구 옮기는 일은 가슴에 털이 수북하고 배가 불룩하며 고기를 좋아하는 남자들이 할 일이다. 그럼 여자들은 남자들이 없으면 어떻게 가구 배치를 바꿀까? 친구에게 전화할까? 조강지처 클럽에 조언을 구할까? 아무리 요즘 여성들이 '철목련(철로 된 목련이라는 뜻으로 전통적인 여성성과 동시에 강함을 지니고 있는 여성)'이라고 해도 그 가냘픈 팔뚝으로 피아노 다리를 잡고 옮기는 모습을 상상하기는 힘들다. 이제 남자들도 쓸모가 있다는 생각이 드는가?

이 정도로 비겼다고 해두자. 여성들이 원하면 페미니스트들의 교착 상태라고 생각해도 좋다. 21세기가 다 되어 가는 이 시대에도 여전히 여성이 할 일이 있고 남성이 할 일이 따로 있다. 그러고 보니 과거와 크게 달라지지도 않았다. 늘 그랬던 것처럼 여자들은 모든 것을 통제하고 남자들은 TV 앞에 앉아서 맥주나 홀짝거리다가 가끔 가구나 옮길 것이다. 세상이 아무리 변했다고 해도 여성과 남성은 크게 달라지지 않았다.

| 채권 만기 연장하기

남성과 여성 간의 전쟁은 과거와 별반 달라지지 않았지만 투자수익률 6%~8%대의 버틀러크릭 시대는 과거와 많이 다르다. 과거의 금융 조건에서는 채권 투자를 할 때 주요 관심사는 채권 가격이었다. 하지만 변화된 경제 환경에서는 가격이 아니라 소득에 집중해야 한다. 경제적 조건이 달라졌으니 전략도 수정해야 한다. 하지만 이 전략이 성공을 거두기 위해서는 조건이 있다. 바로 채권 금리가 5%~7% 수준에서 유지되어야 한다는 것이다. 그렇지 않으면 성공을 거두기는커녕 실패로 끝날 것이다. 이 점을 숙지하고 앞 장에서 제시했던 4가지 투자 전략에 대해 상세하게 알아보도록 하자.

첫 번째 전략은 채권 투자 포트폴리오의 만기를 연장하라는 것이었다. 이 전략은 겉보기에는 간단한 것 같지만 매우 정교한 방법이다. 체스에서 킹과 룩의 위치를 단번에 맞바꾸는 캐슬링 기술 정도라고 생각할 수 있다. 이것은 적절한 시기에 활용하면 꽤 효과를 볼 수 있는데 기본적으로는 채권 만기 연장과 같다. 금리가 하락하기 시작하면 채권 전문가는 방어적으로 투자 전략을 짜고 만기를 단축해 앞으로 다가올 약세장을 준비하려 할 것이다. 20세기 말에 채권 금리가 15%에서 6%로 하락했던 것을 감안해 다시 그만큼 채권 금리가 오른다고 가정한다면 그 여파는 엄청날 것이다. 30년 만기 채권의 가격은 60%나 떨어질 테니 말이다. 그때는 '압수된 증권'이라는 표현이 정말 어울릴 것이다.

하지만 이같은 '도 아니면 모'라는 식의 흑백논리가 꼭 들어맞는 것은 아니다. 이와는 달리 앞으로 몇 년간은 변화가 거의 없고 금리의 변동 폭도 좁을 것이다. 이와 같은 환경에서 투자자는 수익률을 조금이라도 더 높이기 위해 노력해야 시장 평균보다 더 나은 투자

성과를 올릴 수 있는데, 가장 간단한 방법은 자신이 투자하고 있는 채권의 만기를 늘리는 것이다.

그 이유는 만기가 길어지면 짧을 때보다 더 높은 수익을 거둘 수 있다는 가정 때문이다. 〈그림 12-1〉은 서로 다른 2개의 수익률곡선 그래프다.

그래프의 X축은 채권 만기를 의미하는데 오른쪽으로 갈수록 만기가 길어진다. Y축은 채권수익률을 나타내는데 위로 올라갈수록 수익률이 높아진다. 수익률곡선은 채권 만기에 따라 변화하는 채권수익률을 나타낸 그래프다. 일반적인 경우는 만기가 길어질수록 수익률이 증가한다. 또 하나는 역수익률곡선인데 채권 만기가 길어질수록 수익률이 감소하기 때문에 곡선이 거꾸로 뒤집힌 모양이다. 중

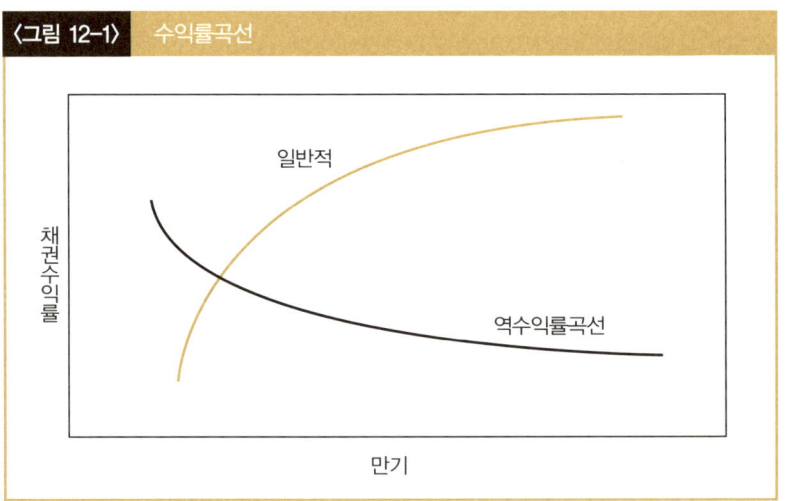

〈그림 12-1〉 수익률곡선

현명한 투자자 수익률곡선의 모양

> 〈그림 12-1〉의 일반적인 수익률곡선에서는 만기가 길어질수록 수익률이 증가한다. 신문기사를 통해 장기 채권수익률이 단기 채권수익률보다 높다는 사실을 알고 있는 투자자라면 어떤 것이 일반적인 그래프이고, 어떤 것이 역수익률곡선인지 대충 짐작이 갈 것이다.
>
> 그런데 왜 만기가 길어질수록 수익률이 높은 걸까? 여러 가지 이유가 있지만 먼저 만기가 길어질수록 리스크가 커지기 때문이다. 만기가 짧으면 리스크를 부담하는 기간이 겨우 며칠이기 때문에 채권 가격이 처음 구매했을 때와 별반 차이가 없다. 그러나 30년 만기 재무부채권은 다르다. 비록 정부가 지급을 보증하지만 인플레이션은 변동하는 데 고정된 이자를 받기 때문에 리스크가 존재한다. 따라서 투자자들은 30년 만기 채권에 더 높은 수익률을 요구한다. 즉 채권의 만기가 길어질수록 수익률은 높아진다.

앙은행이 긴축정책을 실시할 때 나타나는 현상이다. 인플레이션률이 낮은데 중앙은행이 긴축정책을 쓸 리는 없으므로 앞으로는 일반적인 수익률곡선을 따를 것으로 생각된다.

단기 금융시장과 5년 만기 재무부채권을 비교했을 때 만기 연장에 따른 수익률 증가는 평균 1% 이상일 것으로 예측된다. 버틀러크릭 시대에서는 수익률이 낮기 때문에 이 정도도 포기할 수 없다. 만기가 길어지면 약간의 리스크를 감수해야 하더라도 말이다.

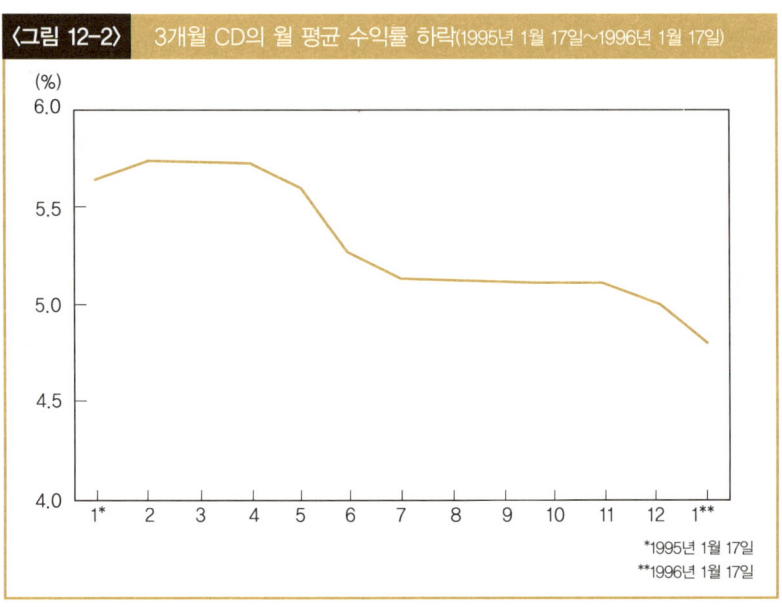

(자료 제공 : 뱅크 레이트 모니터, 뉴욕타임스)

| 현금등가물, 우리들의 구세주

만기 연장에 대한 또 하나의 팁은 현금을 보유해야 할 필요가 있을 때 이를 현금등가물로 전환하라는 것이다. 현금등가물은 현금만큼 유동성이 크기 때문에 원래의 목적에 부합하면서도 동시에 더 높은 수익을 보장한다. 많은 포트폴리오 매니저들이 매년 시장 평균보다 높은 수익률을 기록하는 PIMCO의 관리 능력에 놀라곤 하는데,

그 비결 중 하나가 지난 20년간 12개월마다 현금을 현금등가물로 전환했기 때문이었다.

한 가지 방법은 단기 기업어음에 대한 투자 수익을 현금등가물로 전환하는 것인데, 50~100포인트의 추가적인 부가가치를 얻을 수 있다. 즉 매우 높은 이자를 지급하는 쿠션본드, 만기가 9개월~12개월인 기업어음(단기 기업어음은 단기 현금등가물보다 100포인트 혹은 1%의 수익을 더 지급한다), 그 외에도 만기가 채 1년이 안 되면서 높은 이자를 지급하는 상품을 매수하는 것이다.

20년이 넘는 기간 동안 PIMCO에서 실시한 연구에 따르면 흔히

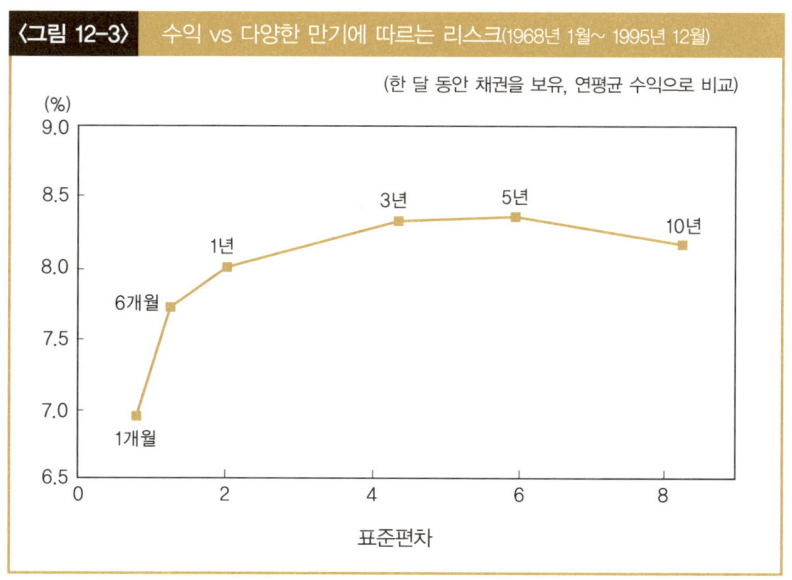

초단기 투자를 할 때는 한 달짜리 CP나 MMF를 활용하기 때문에 투자자들의 잠재적인 손실이 상당하다고 한다(〈그림 12-3〉 참조). 〈그림 12-3〉에서 보면 만기가 6개월~9개월인 채권에 투자했을 때와 비교해 평균 75포인트 정도의 손해를 보는 것으로 나타났다. 또 이 그래프는 표준편차를 보여 주는데 그래프에서 보이는 X축이 바로 표준편차 수치를 나타낸다. 그래프를 보면 10년 만기 채권뿐만 아니라 1년~2년 만기 채권의 경우에도 표준편차가 상당하다. 하지만 6개월~9개월 만기 채권은 1개월짜리 채권과 비교해 표준편차가 약간 높을 뿐이다. 투자자는 변동성이나 표준편차는 줄이면서 수익률은 높이려 노력하는데 이 경우가 바로 그렇다. 따라서 투자자는 표준편차를 반드시 활용해야 한다.

3개월~9개월 만기 채권이 1개월 만기 채권에 비해 수익이 더 높은 이유는 유동성이 부족하기 때문이다. 반면 1년 만기 재무부채권과 비교해 3개월짜리 CP의 가격 리스크는 그리 크지 않는데, 두 가지 모두 워낙 단기 채권이라 1달러짜리가 100센트가 될 때 만기가 되기 때문이다. 하지만 일부 '프로'들은 유동성 부족을 가격 리스크보다도 더 꺼린다. 이들은 차후 며칠 혹은 몇 주내에 생길지 모르는 저렴한 투자처를 찾아 헤매기 때문에 항상 수중에 현금이 있어야 하기 때문이다.

프로들은 대부분 주식 펀드매니저들로 CP 이자 50포인트를 더 받는 것 따위에는 신경 쓰지 않는다. 그보다는 인터넷 기업 IPO나 연간 총수익을 15%까지 끌어올리는 데 혈안이 되어 있다. 이 원대한 꿈을 이루기 위해 50~75포인트의 수익을 희생하는 비싼 대가를 치르는 셈이다. 단기 투자에서 만기를 연장하는 투자 방식은 리스크는 낮추면서도 수익은 높일 수 있어서 누구에게나 도움이 되는 투자법인데도 말이다.

이와 같은 만기 연장 전략은 개인투자자에게 꽤 큰 도움이 된다. 대부분의 투자자들은 주식 계좌에 얼마간의 현금과 만기가 1개월~3개월인 CP와 연동하는 MMF를 보유하고 있다. 하지만 잘 알려지지 않은 사실이 하나 있는데, 많은 뮤추얼펀드 그룹이나 브로커들이 1년 혹은 2년 만기 채권에 투자하는 다양한 상품을 제공하고 있다는 것이다.

이들은 단기 투자 상품으로 손색이 없다. PIMCO의 로우듀레이션펀드도 이런 종류의 상품이다. 또 변동금리모기지 뮤추얼펀드도 같은 부류다. 모닝스타나 밸류라인의 뮤추얼펀드 평가 서비스를 참고해 괜찮은 상품을 골라보자. 만기가 약간 길지만 MMF 정도의 유동성을 가진 다양한 펀드 상품들은 약 1% 정도 높은 수익률을 제공하기 때문에 버틀러크릭 시대에 무시해서는 안 될 중요한 단기 투자처다.

다시 한 번 말하지만 앞으로 다가올 투자 환경에서는 수익률 및 소득이 중요하다. 수익률곡선에서 조금 벗어나고 단기 상품에 대한 정의를 좀 더 확대해 보자. 그러면 결과적으로 상당한 혜택을 보게 될 것이다.

Chapter 13

가톨릭의 건전한 가르침

물가연동채권에 투자하고 마음 놓고 자자

● · ·

앞에서 언급했듯이 나는 귀도 사두시 신부처럼 무늬만 가톨릭 신자지만, 나와 달리 독실한 아내와 나와 비슷한 8살짜리 막내아들 닉을 데리고 늘 미사에 참석하곤 한다. 지난 일요일, 내 아들 녀석은 두 번째 영성체를 받았다. 그런데 성체를 삼키지는 않고 입 안에서 이리저리 굴리면서 우리 부부가 앉아 있는 자리로 돌아오더니 나를 보고 "아빠, 이것 좀 보세요!" 하고 소리쳤다. 마치 세상에 마지막 남은 음식을 삼키지 못하는 재난 영화 속 주인공 같았다. 성체는 아들이 아침마다 먹는 시리얼처럼 보이기도 했다. 어쨌든 나는 아버지이기 때문에 "성체는 예수님의 몸이기 때문에 소중하게 생각해야 한다"고 아들 녀석에게 주의를 주었다. 하지만 사실 나도 말만 그렇게 할 뿐, 영성체에 대해 확실한 믿음이 있는 것은 아니다.

닉은 영성체를 재미있어 하지만 그보다도 미사가 끝나고 성당 출구에서 신부님이 나누어 주는 도넛을 더 좋아한다. 미사가 끝나면 우리 부부는 아들 녀석이 윈첼스 초콜릿 도넛을 받으러 뛰쳐나가다가 신부님과 부딪히지 않도록 하느라 진땀을 빼곤 한다. 몇 개월 전에는 초콜릿 도넛을 하나 다 먹어 치우고 하나를 더 먹겠다고 또 줄을 섰다가 스티븐스 신부님의 제의에 손바닥 모양의 갈색 초콜릿 자국을 묻히고 말았다. 그때 이후로 성당에서는 초콜릿 도넛이 아닌 글레이즈 도넛만 주기 시작했는데 닉은 아직도 이 상황을 영 이해하지 못하는 눈치다. 게다가 그날 이후로 우리 가족이 미사 때마다 앉는 성당의 오른쪽 뒷자리에 성당의 안내자도 함께 앉기 시작했다. 아직 우리 가족이 성당에서 쫓겨나거나 한 것은 아니지만 확실히 블랙리스트에 올라 있는 것 같다. 나는 닉에게 고해성사 때 도넛 사건에 대해 사죄하라고 말해 봤지만 아들은 너무 어려서 왜 그래야 하는지 이해를 못 했다. 나 또한 생각해 보니 괜히 긁어 부스럼을 만들까 싶어서 아들을 설득하는 일을 그만두었다.

나는 미사 중 자신의 잘못뿐 아니라 자신이 하지 못한 일에 대해서도 용서해 달라고 기도하는 신자들을 보고 늘 감동받는다. 성당에 오는 사람 중 자신은 죄가 없다고 생각하는 사람은 없다! 이 점이 중요하다. 자신이 무엇을 했건 혹은 하지 않았건 신 앞에서 스스로를 겸허하게 만드는 것이 바로 원죄의 개념인 듯하다. 그런데 현대에는 원죄에 대한 가톨릭의 가르침이 맞지 않는 듯하다. 특히나 요즘 부모들이 지향하는 교육 방침과 전혀 다르다. 요즘 부모들은 아이들의 잘못보다는 장점을 부각시킨다. 아이들의 저지른 잘못을 짚고 넘어가기보다는 아이들의 기를 살려주는 것을 더 중요하게 여긴다. 그래서 아이들이 20대가 되어(고등학교를 졸업하고부터 대학을 졸업할 때까지) 냉혹한 현실을 겪기 전까지 수천 번이고 아이들의 자신감을 높여준다. 부모는 '우리 아이들은 잘못이 없다'고 믿는데 심지어는 아이들이 잘못을 저지를 위인이 못된다고 믿고 싶어 한다. 부모들은 아이들이 집에 무언가를 가져올 때마다 기뻐한다. 일주일에 한 번씩 보는 받아쓰기 시험에서 세 문제나 틀린 시험지를 가져와도 요즘 부모들은 기뻐한다. 교사들도 마찬가지다. 언제나 열심히 했다면서 아이들을 격려한다. 언젠가 내 아들이 하키 경기에서 9 대 0으로 패한 적이 있었는데, 그때 하키 코치는 2피리어드에서 한 점밖에 내주지 않았다면서 아이들을 칭찬했다. 요즘에는 "다음에는 이길 수 있지?"라는 식의 말은 하지 않는다.

우리 아이들은 부모의 사랑 속에서 인생이 동네 세븐일레븐 편의점에서 파는 슬러피 같다고 믿게 된다. 아이들은 곧 자랄 것이고 어렸을 때만이라도 자신감을 갖게 해주고 싶은 것이 부모 마음이다.

유년기와 청소년기가 아이들을 훈련시키고 아이들의 능력을 배양시키는 일종의 훈련장이라는 생각은 하지 않고, 아이들의 자부심과 자신감을 높여 줘야 하는 시기라고만 생각한다. 그러나 나는 어느 정도 절충안을 찾아야 한다고 생각한다. 현대의 부모들은 분별력을 잃어 버렸다. 그래서 나는 아이들의 교육에 가톨릭의 건전한 가르침을 어느 정도 적용해야 한다고 생각한다. 아이들도 스스로가 늘 뛰어나기만 할 수는 없고 가끔 잘못도 할 수 있다는 사실을 깨달아야 한다. 나는 아이들에게 항상 미소를 짓지만 가끔은 약간 엄한 모습도 보여 주려 한다. 그런데 그러기 위해서는 나에게도 누군가 경고를 해 줘야 할 것 같다.

물가연동채권

버틀러크릭 시대에 돈을 어디에 묻어 두어야 할지 몰라 당황스러워 하는 투자자들을 위해 미국 정부가 잠재적인 해결책을 고안해 냈다. 투자시장에서 오랫동안 일했던 내가 보기에도 이 상품은 리스크가 거의 없고 장점은 많아 앞으로 몇 년간 투자자들을 즐겁게 만들어 줄 것으로 보인다. 이것은 바로 물가연동채권으로 나는 이 상품에 기대가 굉장히 크다.

1996년 중반, 로버트 루빈Robert Rubin 재무부 장관은 미국 정부가 곧 물가연동채권을 판매할 것이라고 발표했다. 물가연동채권은 연간 채권수익률이 인플레이션 변화와 연동되는 상품이다. 이 새로운 채권은 지금까지 재무부가 발행한 여타 채권과 상당히 큰 차이점이 있다. 일반적인 재무부채권에 투자하면 투자자들은 고정된 채권 이자나 연간 지불 금액을 받았다. 즉 채권을 구매한 순간부터 채권 만기 때까지 이자는 변하지 않는다. 이 때문에 채권을 고정소득이라고도 부른다. 하지만 물가연동채권의 연간 지불 금액은 인플레이션 변화에 따라 달라진다. 인플레이션이 상승하면 투자자도 더 많은 돈을 받고 감소하면 적게 받는다.

인플레이션보다 수익이 높으면서도 안정적인 소득원을 원하는 사람들, 은퇴를 대비해 저축을 하는 사람들, 아이들의 대학 등록금을 모으려는 사람들은 물가연동채권을 주목하라. 25번째 결혼기념일에 특별한 여행을 위해 돈을 모으는 사람도 마찬가지다. 물가연동채권은 매일 가격이 등락을 거듭하여 변동성이 큰 주식 및 채권시장과 수익률이 낮은 CD 혹은 MMA의 타협점인 셈이다. 인플레이션보다 높은 수익률을 보장하는 효자 상품으로 만 달러 정도의 소액을 투자하려는 일반투자자에게도, 9백억 달러를 투자하는 우리 PIMCO사 같은 투자자에게도 모두 투자가치가 있다.

기본적으로 물가연동채권은 만기와 상관없이 물가보다 높은 '실제' 수익률을 제공한다. 예를 들어, 새로 발행된 물가연동채권의 표면이자율이나 금리가 4%라고 가정해 보자. 재무부채권 금리가 5% 이상이고 국고채 수익률이 7%대인 점을 감안하면 별로라고 생각할 수도 있다. 하지만 사실은 그렇지 않다. 정부가 연간 인플레이션 수치를 적용하기 전이기 때문에 수익률이 낮을 뿐이다. 만약 인플레이션이 0%라면 표면이자율인 4%의 채권 이자가 지급될 것이다. 하지만 인플레이션은 반드시 존재하고 따라서 4%의 인플레이션을 적용해야 한다. 예를 들어, 1997년 인플레이션이 3%를 기록했다면 표면이자율이 4%인 물가연동채권의 실질수익률은 7%가 된다. 따라서 은행 CD나 장기 재무부채권 혹은 주식과 비교해도 매우 매력적이다. 채권의 만기가 될 때까지 매년 인플레이션이 연동되므로 어떤 경우에도 인플레이션보다 4%나 높은 이자를 받을 수 있다.

너무 좋은 상품이 아닌가? 그렇다. 런던의 「파이낸셜 타임즈 Financial Times」는 물가연동채권은 '환영받아 마땅한 리스크 없는 자산'이라고 칭찬했고 「월스트리트저널」은 '재무부 채권을 선호하는 보수적인 투자자들의 걱정이 줄어들게 됐다'고 했다. 나 또한 그렇게 생각한다. 단 한 가지 주의점이 있다. 물가연동채권은 인플레이션으로 인한 리스크를 헤지할 수 있다는 장점이 있지만 채권 가격이 상승 또는 하락할 수 있다는 위험이 있다. 아주 크게 변화하지는 않겠지만 재무부 단기채권이나 MMA보다는 가격의 변동성이 크다. 따라서 물가연동채권을 만기 이전에 판매한다면 현행 시장가치에 따라 가격이 달라진다.

물가연동채권은 캐나다, 영국, 호주, 뉴질랜드, 스웨덴 등의 국가에서 먼저 도입되었다. 캐나다는 1991년, 영국은 1981년부터 각각 물가연동채권을 발행해 왔다. 이들 국가의 경험과 채권 가격 변동을 참고하면 미국에서 물가연동채권의 가격이 어느 정도의 변동성을 보일지 알 수 있다. 물가연동채권이 '실제' 수익률을 제공한다는 장점이 있지만, 가격 변동성이 크기 때문에 만기 이전에 채권을 판매하면 자본소득 혹은 자본손실이 발생할 수 있고 이에 따라 총수익이 달라진다는 점을 명심해야 한다.

실제수익률

〈그림 13-1〉은 캐나다에서 1991년 발행한 물가연동채권의 가격 변화를 나타낸 그래프다. 채권 가격은 1991년 11월 발행시점에 100달러 정도였으나 지난 5년간 최고 115달러를, 최저 88달러를 기록했다. 투자자들은 변함없이 연간 4.25% 인플레이션 상승분의 실제수익률을 받았지만 채권 가격은 투자자들의 요구를 반영하면서 등락을 거듭했다. 처음 채권이 발행되었을 때 실제수익률은 4.25%였

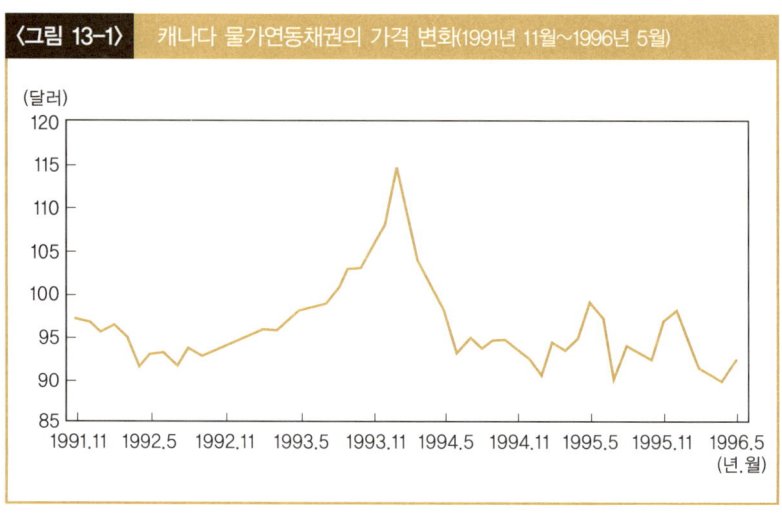

(자료 제공 : 블룸버그 파이낸셜 마켓스)

고 100달러 선에서 거래되었다. 그러나 1994년 초반 투자자들은 수익률 4.25%가 과도하다고 느꼈고 이 때문에 채권 가격은 상승했고 실제수익률은 하락했다. 그 후에는 4.25%도 부족하다고 생각했고 채권 가격은 89달러까지 하락해 실제수익률이 5%에 육박했다.

약간 복잡하게 들리겠지만, 중요한 것은 미국에서도 투자자들의 예측 및 수요와 공급에 따라 물가연동채권의 가격이 등락을 거듭할 거라는 사실이다. 투자자들은 이 상품 가격의 변동성을 숙지하고 채권을 만기까지 보유하지 않을 경우 발생할 수 있는 수익이나 손실에 대비해야 한다.

| 가상의 투자수익률 비교

 이처럼 물가연동채권에도 단점은 있다. 하지만 여러 장점에 비하면 무시할 수 있는 정도이기 때문에 대부분의 투자자들이 반드시 투자를 고려해야 할 만큼 가치가 있는 상품이다. 물가연동채권 투자자들은 채권 만기 때까지 인플레이션보다 높은 투자 수익을 올릴 수 있다. 따라서 앞으로 인플레이션이 크게 상승할까 걱정하면서 잠을 설칠 일도 없다. 물론 물가연동채권에 투자한다고 은퇴 후에도 현재와 같은 삶의 수준을 누릴 수 있을 만큼 엄청난 돈을 벌 수 있는 것은 아니다. 다만 인플레이션을 적용한 후에도 대략 4%의 투자수익률을 보장한다는 것이다. 〈표 13-1〉을 보면 과거 7년 동안 이 정도의 수익률을 기록한 투자 상품이 없었음을 알 수 있다(〈표 13-1〉 참조).

 만약 지난 7년간 물가연동채권에 투자해서 4%의 실제수익률을 얻었다고 가정하면, 이보다 더 나은 수익을 올렸던 것은 주식밖에 없다. 하지만 같은 기간에 주식시장은 변동성이 상당했기 때문에 곧잘 투자자들의 간담을 서늘하게 하곤 했다. 앞으로 버클러크릭 시대에는 디스인플레이션 환경이 만들어지기 때문에 고정소득을 보장하는 채권 투자가 상당히 유망하다. 하지만 그 다음은 어떻게 될까? 만약 인플레이션이 상승한다면 물가 변동에 대한 헤지효과가 뛰어난 물가연동채권이 상당히 도움될 것이다. 또한 인플레이션이 가속화되었던 1970년대에는 주식시장도 별로 신통치 못했다. 물론 물가연동채권이 장기적으로 주식가격의 상승을 따라가지 못하겠지만 인플레이션이 유발될 때 어느 정도 안전 장치가 되어 줄 것이다.

〈표 13-1〉 인플레이션을 적용한 후의 수익률*

(단위 : %)

	1926년~1995년 평균수익	인플레이션 적용 후 평균수익	1946년~1995년 평균수익	인플레이션 적용 후 평균수익
S&P500	10.5	7.4	11.9	7.5
장기 회사채	5.7	2.6	5.8	1.4
중기 국채	5.3	2.2	5.9	1.5
30일 단기 재무부 채권	3.7	0.6	4.8	0.4
인플레이션	3.1	–	4.4	–

*수익에는 가격 변화, 배당금, 채권 이자가 포함된다.　　　　　(자료 제공 : 이봇슨 어소시어츠)

경제학 기초 인플레이션의 역사

사실 인플레이션은 세금이 변형된 형태다. 정부가 국민에게 세금을 부과하기 시작하면서 인플레이션이 생겨났다. 정부는 돈을 마련하기 위해 세금을 걷고 돈을 빌리며 또 찍어 낸다. 이 중 화폐 발행이 물가를 가장 **빠르게** 상승시킨다.

특히 정부는 전쟁 중 화폐를 발행하는 경향이 있는데, 1812년 영미전쟁 이후 전쟁이 발생할 때마다 미국에서는 인플레이션이 최고조에 달했다(밑의 도표 참조).

1913년 설립된 미국의 중앙은행인 연방준비위원회는 통화량 증가율을 통제하고 인플레이션을 예방하는 한편, 경제성장을 촉진하는 역할을 수행하면서 결국 인플레이션 상승을 용이하게 만들었다. 그 이전까지 미국에서는 금과 농산물의 공급에 따라 통화량이 조절되면서 디플레이션을 겪곤 했다.

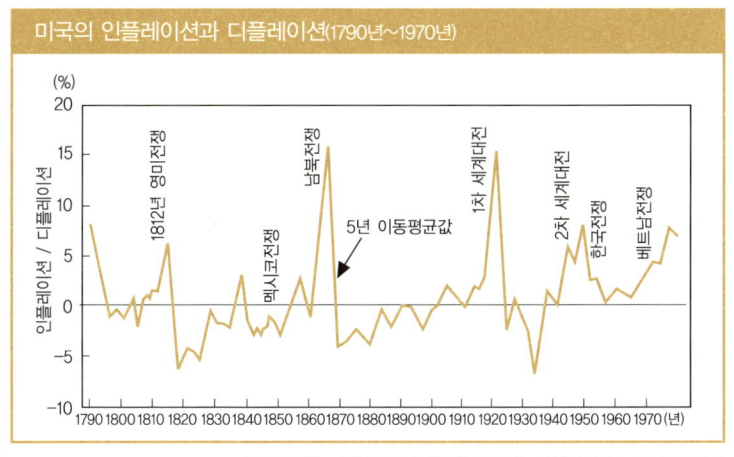

(자료 제공 : 시큐리티즈리서치 컴퍼니, 미국 노동부, 미국 상무부)

Chapter 14

15분간의 명성
수익률을 높여주는 MBS

유명인이 했던 말 중에 예언처럼 맞아 떨어진 것들이 있다. 미디어와 연예인에 집중된 현대의 문화 세태를 논평한 말 중 기가 막힌 예언 몇 개가 생각난다. 마샬 맥루한Marrshall McLuhan의 '미디어는 메시지다', 앤디워홀Andy Warhol의 '모든 사람들은 15분 동안 유명해질 것이다', 유명한 역사학자 다니엘 부어스틴Daniel Boorstin의 '연예인이란 자신이 유명하다는 사실을 잘 알고 있는 사람이다' 라는 말이 있다. 이 세 사람 모두 다른 분야에서 성과를 달성한 사람들과 달리 연예인 인기는 빨리 사라진다는 사실을 알고 있었다. 나는 후자가 전자보다 대중의 기억 속에서 더 빨리 잊혀지기 때문이라고 생각한다. 하지만 현대 미디어 시대에서는 이들 둘

사이의 구별이 점차 흐릿해지고 있어서 여자 옷을 즐겨 입는 양성애자로 오프라윈프리 쇼에 출연한 하키 선수나 결장암의 원인이 되는 유전자를 발견한 과학자가 비슷한 유명세를 탄다. 이들은 모두 15분간의 명성을 경험한 후 무대 저편으로 재빨리 사라지면서 다른 사람들에게 자리를 내어 주었다.

　오래 전에 나 또한 비슷한 경험을 했다. 나는 할리우드 같은 연예계 기준으로는 그리 유명하지 않지만 나름대로 명성이 있는 편이다. 사실 고백하자면 나는 돈이나 권력보다는 명예가 중요한 사람이다. 1971년 PIMCO에서 일하기 시작할 때부터 열심히 해서 사람들의 기억 속에 남고 싶었다. 그래서 나는 금융시장에서 좀 이례적인 사람이 아닌가 싶다. 대부분 펀드매니저들은 돈을, 정치가들은 권력을 탐하니까 말이다. 돈이나 권력보다 명예를 선택하는 사람들은 예술가밖에 없는 것 같다. 그래서 나는 원래 예술가가 될 운명이었는데, 우연히 다른 직업을 선택했고 운이 좋아 돈도 벌게 된 게 아닌가 하는 생각이 든다.

　그래서 몇 년 동안은 멍청한 짓도 하곤 했다. 1970년대 초반(나는 28살이었는데, 내 딴에는 나이를 먹을 만큼 먹었다고 생각했다) 앞으로의 시장에 대한 나의 예측을 알려 주기 위해 「타임즈」나 「뉴스위크」 에디터들에게 전화를 걸곤 했다. 실제 몇 번은 에디터가 전화를 받은 적도 있었다. 하지만 내 의견이 잡지에 게재된 적은 없었다. 그러던 어느 날 월스트리트 기자가 정말 내게 전화를 했다. 어느 늦은 오후였고 사무실에는 나밖에 없었는데 너무 긴장해서 의자에 거꾸로 무릎을 꿇고 앉았다. 의자 위에 무릎을 꿇은 것도 우스웠지만 의자 등받이를 보고 앉아 있었다. 당연히 균형을 잡기 힘든 상태였는데 그 와중에 채권시장에 대한 나의 견해를 또박또박 밝혔다. 하지만 전화를 받고 3분도 채 지나지 않아, 공중제비를 돌다시피 하면서 의자에서 거꾸로 떨어지고 말았다. 손에 전화기를 든 상태로 바닥에 등을 대고 떨어진 것이다. "무슨 소리죠?"라고 묻는 기자에게 나는 "전화가 좀 이상한 것 같아요"라고 변명하고 바닥에서 일어나지도 않은 채 내 이야기를 이어나갔다. 그때 이후로 나는 꽤 유명해졌다.

솔직히 말해서 유명해진다는 것은 내가 생각했던 그대로였다. 하지만 그보다 훨씬 전부터 맥루한과 워홀의 말을 주의 깊게 들었던지라 내 유명세가 언제까지나 계속될 거라고 생각하지는 않는다. 나는 늘 신문이나 잡지에 내가 나왔으면 좋겠다고 생각했는데 이제는 매스컴도 꽤 많이 탔다. 하지만 탐욕스러운 예술가처럼 명성을 추구하는 나는 내게 할당된 15분에서 이제 겨우 7분쯤이 지나갔다고 믿고 싶다. 언제쯤 나는 '이 정도면 내 명예욕이 채워졌다'고 생각하게 될까? 부정적인 기사라도 보도되면 이제는 됐다는 생각이 들까? 잘 모르겠다. 아마 독자들은 스스로의 꿈을 좇느라 바빠 내 유명세가 언제 끝날지 따위에는 관심도 없을 것이다. 하지만 독자들도 유명해지는 것이 꿈이라면 조심하기 바란다. 유명세란 촛불과 같아서 아무리 유명했더라도 곧 꺼질 것이고, 그 후 우리는 줄어든 산소로 겨우 숨을 쉬며 괴로워 할 테니까 말이다.

| 짜증나는 모기지

채권시장에서 주택저당증권과 모기지 파생상품이 유명했던, 아니 악명 높았던 시기가 있었다. 불행하게도 이 시기는 15분 이상이나 계속되었다. 그 시기에 시장의 변동성은 엄청났다. 1993년 12월 5.75%였던 채권 금리는 1994년 말 8%까지 상승했다가 1995년 다시 하락세로 돌아섰다. 덕분에 모기지는 엄청난 피해를 입었다. 초반에는 모기지 조기 상환이 줄어들더니 그 다음에는 어마어마하게 늘어났다. 이처럼 불안정한 시장이 계속되자 투자자들은 모기지 투자가 어렵기도 하지만 리스크가 너무 크다는 인식을 갖게 되었다.

모기지 투자의 잠재적인 위험성은 개인 주택소유자들이 금리 조건이 좋을 때 모기지를 조기 상환할 가능성이 있기 때문에 발생한다. 금리가 하락해 주택소유자들이 모기지를 차환하면 MPTS투자자들은 소중한 투자자산을 잃는다. 투자 포트폴리오 상에서 고금리 채권이 사라지면서 전체 수익이 하락한다. 20세기 말엽, 15년에 걸친 강세장 동안 대부분의 모기지론이 조기 상환되거나 아예 사라져 버렸기 때문에 매력적인 투자처로 생각되지 않았다. 예를 들어 1981년 발행된 30년 만기 재무부채권이 만기까지 15년이 남아 있다고 하자. 그렇지만 1981년에 발행된 표면이자율 16%의 GNMA(미국 주택저당공사) 모기지는 거의 대부분이 조기 상환되었거나 낮은 이자로 차환되었기 때문에 지금 거의 남아 있지 않다. 16% GNMA 모기지가 8% 모기지로 차환되면 투자자의 소득은 반이나 하락한 셈이다. 반면 재무부채권투자자는 1980년대 초반에 결정된 높은 채권 금리를 받는다. 따라서 채권 금리가 하락하는 강세장에서 모기지 투자는 부정적이다.

하지만 지난 몇 년간의 투자시장처럼 변동성이 큰 시장에서는 금리가 하락하건 상승하건 모기지 채권의 투자수익률은 좋지 않다. GNMA 16% 모기지이건 GNMA 6% 모기지이건 마찬가지다. 금리가 상승하건 하락하건 투자자들이 손해를 본다. 말도 안 되는 소리 같지만 사실이다. 모기지 채권은 이론적으로 조기 상환이 예측되는 시기를 기반으로 만기가 결정되는데, 약세장에서는 채권 금리가 상승하고 있기 때문에 주택소유자들이 조기 상환을 하려고 하지 않는다. 즉 만기가 단축되어야 할 약세장에서 오히려 만기가 연장된다. 반면에 강세장에서는 조기 상환이 늘면서 만기는 짧아진다. 결과적으로 강세장에서는 만기가 짧아지고 약세장에서는 만기가 길어진다. 이것은 투자자들의 바람과 반대 상황이다. 채권시장에서는 이것을 역볼록성이라고 부른다.

GNMA와 최고를 향해

앞에서 모기지에 대해 복잡하게 설명한 데에는 다 이유가 있다. 채권 금리가 상승할 때나 하락할 때 모기지 투자자들이 손해를 본다면 다른 인센티브라도 주어야 할 것이 아닌가? 그렇지 않다면 PIMCO 같은 꽤 괜찮은 채권 투자 회사가 무엇 때문에 모기지에 투자를 하겠는가?

모기지 채권은 재무부 채권이나 신용 등급이 높은 회사채에 비해 더 높은 채권수익률을 인센티브로 제공한다. 거의 모든 모기지 채권은 조기 상환이 가능한데, 이는 투자자에게 불리하게 작용하기 때문에 비슷한 신용 등급의 다른 채권보다 더 높은 채권수익률을 제공해야 하는 것이다. 예를 들어 현재 미국 재무부가 지급을 보증하는 모기지론 GNMA의 수익률은 약 8%로 비슷한 미국 재무부채권에 비해 1.5% 혹은 150포인트 높다. 〈그림 14-1〉은 현재 시장에서 MPTS(주택저당채권지분이전증권) 다른 채권 상품과 비교해 채권수익률이 평균적으로 얼마나 높은지를 나타낸 막대그래프다.

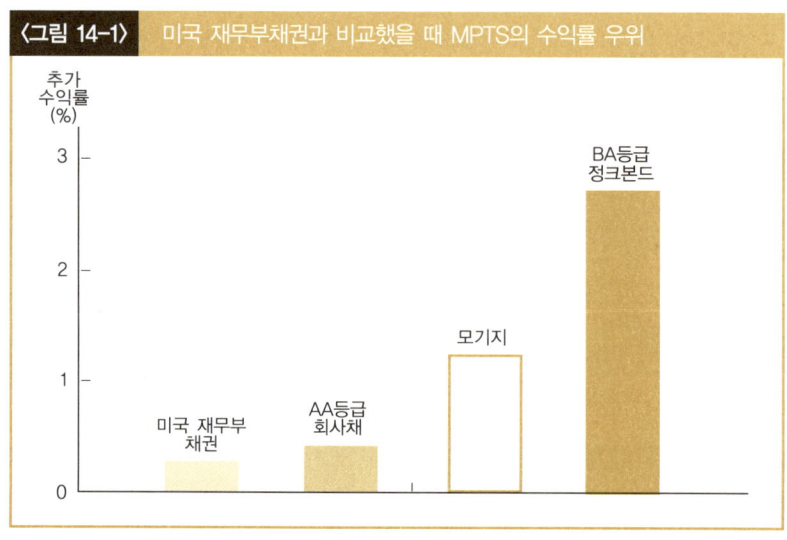

그래프에서 보이는 것처럼 모기지 채권의 수익률은 미국 채권시장의 거의 모든 투자 상품보다 높은 수익률을 기록하고 있다. 정크본드와 브래디채권(1980년대 초 멕시코, 아르헨티나, 브라질 등 남미국가들이 외채 상환 불능 상태에 빠지자 니콜라스 브래디 전 미국재무부장관이 1989년 미국계, 일본계, 유럽계 은행들이 빌려준 돈을 받기 위해 고안해 낸 채권) 등 Baa신용 등급 이하 채권만이 예외다. 따라서 신용 등급에 민감한 투자자들에게는 모기지 채권의 수익률이 단연 최고다.

하지만 무조건 채권수익률만 보고 덜컥 모기지 투자에 뛰어들 수는 없다. 채권 금리의 변동성이 크면 모기지론의 평균 만기가 연장되어야 할 때 짧아지고, 단축되어야 할 때 늘어나기 때문이다. 그런데 만약 내가 유년 시절을 보냈던 버틀러크릭처럼 장기 채권 금리가 잔잔하다면 어떨까? 21세기가 시작될 때까지 큰 변화가 없이 5%~7%내에서 머무른다면 어떨까? 투자자들 특히 그중에서도 Aaa등급 이상의 채권을 선호하는 투자자들에게는 MPTS가 당연히 최선의 선택이다!

앞으로 3년~5년간 채권시장에서 MPTS는 리스크가 가장 낮으면서도 수익률은 가장 높은 투자 상품으로 떠오를 것이다. 인플레이션이 고작 2%인데 수익률이 8%나 되면서 정부의 보증을 받는 채권은 MPTS뿐이다. 기관투자자들은 모기지 채권의 비율을 약간 늘리는 데서 그치지 않고 전체 투자 포트폴리오 중 40%~50%를 모기지 채권에 할당하는 것도 고려해 봐야 할 것이다. 채권시장은 소액 투자가 불가능하지만 개인투자자들도 모기지 관련 뮤추얼펀드를 통해 손쉽게 모기지 투자를 할 수 있다.

모닝스타나 밸류라인의 별 4개 혹은 5개짜리 추천 상품을 알아보자. 투자자마다 선호하는 종목이 당연히 있겠지만 적어도 앞으로 몇 년간은 투자 포트폴리오에 모기지 상품을 상당수 포함시켜 보자. 일반적인 GNMA 지분이전 증권이면 충분히 높은 수익률을 제공할 것이다. 채권의 가격 상승보다 채권수익률이 중요한 환경에서는 다른 어떤 것보다 모기지가 최선의 선택이다. 그리고 여담이지만 유명해지고 싶은 독자들에게 어느 정도의 명예를 얻으면 만족할 수 있는지는 스스로 결정하는 것이라고 말해 주고 싶다.

Chapter 15
연못의 왕, 거북이 예틀

이머징마켓에 투자하기

• • •

"나는 거북이 예틀, 얼마나 멋진지! 나는 내가 보는 모든 것들이 척도다!"
– 세우스 박사Dr. Seuss의 「거북이 예틀」 중

거북이 예틀은 연못의 왕이었다. 어느 날 예틀은 자신의 왕국을 더 넓히겠다면서 연못의 거북이들을 탑처럼 쌓고 그 꼭대기에 올라섰다. 독자들이 원한다면 나를 거북이 예틀이라고 불러도 좋다. 작은 언덕에라도 몇 번 올라가 본 사람은 연못의 왕이었던 예틀의 마음을 이해할 것이다. 나 또한 마찬가지다. 나는 지금의 자리에 오르기 위해 많은 시간을 할애했다. 또 내가 납부하는 연방 및 주 세금은 몇 개나 되는 작은 마을의 예산으로도 충분할 정도다. 전체 PIMCO 직원 중 반 정도는 내 덕분에 일하는 셈이다. 과거 내게 등을 돌렸거나 나를 믿지 않았던 지인들이 생각나면, 나는 "내가 잘 사는 모습을 보여주는 것이 최고의 복수야"라고 중얼거리곤 한다. 이런 점에서 나는 확실히 거북이 예틀을 닮았다.

그런데 내 동료들의 등을 밟고 올라서서 밑을 내려다보면 생각이 달라진다. 내가 수천 명의 사람들을 먹여 살리고 있는 것이 아니라 수백만 명의 다른 사람들이 나를 떠받치고 있다는 생각이 든다. 우리 회사 직원들이 그렇지만, 지난 수년 혹은 수백 년 동안의 우리 조상들 또한 나를 떠받치고 있다. 동료 거북이들의 등이 아니라 아주 오래된 역사의 단단한 바윗돌을 밟고 올라 서 있는 기분이 든다.

스스로가 얼마나 많은 사람들에게 빚을 지고 있는지 헤아려 보려면 한도 끝도 없다. 나는 캘리포니아 시민이므로 일단 1800년대 대륙 분수령 쯤에서 시작해 보겠다. 먼저 티턴Teton 화강암 봉우리 근처에 있는 와이오밍Wyoming, 워새치 산맥Wasatch Range 근처 유타Utah 혹은 록키 산맥Rocky Mountains 정상의 콜로라도Colorado를 보자. 이렇게 험난한 산들을 보고 있노라면 '우리 조상들이 어떻게 이런 높은 산을 넘어 미국 서부에 정착했을까?' 하는 생각이 든다. 얼마나 많은 희생을 감내했을까? 상상도 되지 않는다. 하루 종일 소파에 앉아 감자 칩이나 먹으면서 TV를 보는 지금의 우리들은 절대 못했을 일이다. 이들의 희생이 만들어낸 결과가 지금의 우리 집, 우리 동네, 더 나아가 미국을 만들어 냈다. 따라서 우리는 조상들에게 어마어마한 빚을 지고 있다.

동쪽도 마찬가지다. 뉴욕에 식수를 공급하기 위해서는 또 얼마나 많은 희생이 있었을까? 1900년대 초반 뉴욕시의 북쪽에서 맨해튼으로 이어지는 미로처럼 복잡한 송수관과 지하수로를 건설하기 위해 수백 명의 이민자가 목숨을 잃었다. 그중 대부분은 아일랜드 인이었다. 뉴욕 시민들이 수도꼭지만 틀면 물을 사용할 수 있게 된 것은 모두 초기 개척자들의 희생 덕분이다. 수백만 명의 사람들의 삶이 마치 단단한 바윗돌처럼 우리의 삶을 떠받치고 있다. 지금 우리가 살고 있는 현대사회는 교사, 의사, 과학자를 포함해 수많은 사람들이 노력으로 만들어 낸 결실이다. 나는 1928년 페니실린을 개발한 알렉산더 플레밍Alexander Fleming 덕분에 살아 있다고 해도 과언이 아니다. 1946년 나는 성홍열에 걸려서 거의 죽을 뻔했다. 당시 내 주치의들은 2차 세계대전 때 기적의 약으로 불리던 페니실린을 쓰기로 했고 덕분에 2주 후 나는 완치되었다. 물론 얼굴이 성홍열 자국으로 덮여 있기는 하지만 말이다. 그러니 내가 살아 있는 것은 모두 알렉산더 플레밍 덕분이다.

거북이 예틀은 이기적이었다. 현실에서는 거북이들의 왕 따위는 없다. 다만 살려고 발버둥치거나 좀 더 나은 삶을 위해 노력하는 수십억 마리의 거북이만 있을 뿐이다.

| 세계 속에서 해결책을 찾다

요즘 주식시장은 공기가 희박한데도 불구하고 수백만 마리의 거북이 예틀이 살고 있다. 이들은 연간 총수익 20%가 당연하다고 생각한다. 과거 투자 성과가 좋았던 것은 상당 부분 강세장 덕분이었는데, 스스로가 똑똑해서 그렇게 된 줄 안다. 동화 속 거북이 예틀이 다른 거북이들 위에 잠시 올라가 있었다고 자신이 최고라고 생각했던 것과 비슷하다. 앞에서도 몇 번이나 강조했지만 두 자리대 투자수익률을 기록하던 시절은 끝났다. 따라서 새로운 전략이 필요하다.

그중 하나는 투자의 안전성이 어느 정도 보장되면서도 수익률이 높은 지역을 찾아내는 것이다. 또 다른 전략은 글로벌 투자 환경 속에서 매력적인 투자 성과를 올리기 위해 추가적인 리스크를 감내하는 것이다. 간단하게 말하면 이머징마켓에 투자하는 것이다. 6%~8%의 투자수익률에 만족하지 못하고 10%에 가까운 총수익을 바라는 투자자들을 위한 해결책이다.

이머징마켓이 매력적인 이유는 경제가 빠르게 성장하고 있어 기업이 높은 이익을 실현할 가능성이 크기 때문이다. 주식시장에서 돈은 점차 성장이 빠른 시장으로 옮겨 가는 성향이 있다. 앞으로 특히 버틀러크릭 시대에는 이머징마켓이 가장 빠르게 성장할 것이다. 〈그림 15-1〉은 아시아와 선진국 주식시장의 투자수익률을 비교한 그래프다. 아시아 시장이 어느 정도의 변동성은 있기는 하지만 수익 측면에서는 여타 시장과 비교가 불가능할 정도다. 특히 유럽과 비교해 높은 성장률을 기록했다.

신흥 시장에 투자하는 가장 저렴한 방법은 뉴욕증권거래소에서 판매하는 폐쇄형 펀드를 구매하는 것이다. 이들은 일반적으로 펀드 프리미엄(디스카운트)이 있어 실제 가치보다 더 저렴한 금액에 판매된다. 대개 10%~15%의 디스카운트가 가능하다. 내가 가지고 있는 해외 펀드는 거의 폐쇄형 펀드다. 금융 주간지 「배론즈 매거진Barron's magazine」은 판매 중인 펀드와 디스카운트 리스트를 매주 제공한다.

〈그림 15-1〉 이머징마켓과 선진국의 주식시장 성과 비교

(자료 제공 : 데이타스트림)

│ 줄어들고 있는 이머징마켓 리스크

이머징마켓의 주식뿐 아니라 채권도 매력적인 투자처다. 이머징마켓 채권시장의 예상수익률은 6%로 미국, 유럽, 일본의 채권시장 예상수익률보다 4% 이상 높다. 이머징마켓의 리스크를 감내할 수만 있다면 당연히 매력적인 투자 전략을 짤 수 있다. 지금부터 더 자세히 알아보자.

앞에서 누누이 강조했던 세속적인 시각을 통해 이머징마켓의 리스크를 정확하게 이해해 보자. 먼저 이머징마켓의 역사를 살펴보아야 한다. 이머징마켓의 대표 주자인 중국, 멕시코, 아르헨티나, 브라질 등은 지난 95년간 절대 투자해서는 안되는 시장이었다. 이들 중 상당수는 한 번 이상 디폴트를 선언했고 국민을 위한다는 명목으로 개인의 자산을 몰수해 국유화를 감행했다. 보수적인 투자자라면 이 사실만으로도 절대 투자를 고려하지 않을 것이다. 하지만 1989년 철의 장막이 붕괴된 후 급격한 변화가 일어났다. 덕분에 디폴트 가능성도 크게 낮아졌다. 왜일까?

철의 장막 붕괴는 공산주의의 몰락과 자본주의의 승리를 의미하는 동시에 무역 환경 세계화의 전조였다. 그 후 개방된 동유럽과 러시아는 잠재적인 무역 파트너였고 그 모습을 지켜보던 투자자와 국가들은 서로 협력하고 공생해야 한다는 생각을 갖게 되었다. 한 국

경제학 기초 이머징마켓이란 무엇인가?

> 1989년 철의 장막이 붕괴하기 전 '제3세계' 혹은 '개도국'이라고 불리는 국가들이 있었다. 요즘에는 이들을 '신흥국가' 혹은 '이머징국가'라고 부르는데, 훨씬 듣기도 좋고 낙관적인 느낌이 묻어난다. 자본주의적인 이념이 세계 곳곳에 뿌리를 내리면서 무역의 세계화가 가속화되고 관세와 수입 쿼터제가 사라지고 있는 상황에서 이들 국가를 보는 시각이 달라졌기 때문에 이들의 명칭에도 변화가 생긴 것이다. 발전이 아직 덜 된 국가가 아니라 새로 부상하는 경제주체로 받아들여지고 있는 것이다. 그래서 이들 국가의 자본시장이 아직 기본적인 수준에 불과한데 불구하고, 이들의 주식 및 채권시장을 이머징마켓이라고 부른다.
>
> 원래는 대부분 아시아와 남아메리카 국가들이었는데 최근에는 동유럽 국가들도 신흥 시장이라고 불리고 있다. 이들은 경제가 아직 개발되고 있는 상황이기 때문에 경제성장 속도가 미국보다 훨씬 빠르다. 다만 멕시코의 예에서 볼 수 있듯이 경제 위기를 겪을 가능성이 있다.

가의 경제 번영이 이웃 국가들과의 협력과 신뢰에 의해 결정되면서 국제적인 약속을 지키지 않거나 무시할 수 없게 되었다. 과거 1950년대 쿠바의 독재자, 피델 카스트로 Fidel Castro가 미국에 진 빚을 갚지 않겠다고 선언했던 것도 러시아가 미국을 대신해 필요한 자금원이 되어 줄 거라는 생각 때문이었다. 1931년 브라질이 전쟁 채무 배상에 대해 지불유예를 선언한 것도 브라질 전체 GNP에서 미국과 유럽으로의 수출이 그다지 큰 비중을 차지하지 않았고 서방 세계가 브라질에 대한 재정 지원과 무역을 중단한다고 하더라도 크게 부담이 없었기 때문이었다. 다시 말하면 경제적 손실이 적기 때문이었다.

그러나 이제는 다르다. 지금은 여차하면 의지할 수 있는 강력한 공산국가가 남아 있지 않고 무엇보다 이머징마켓들 스스로가 무역

현명한 투자자 개방형 펀드와 폐쇄형 펀드

일반적인 투자자들은 대부분 개방형 펀드에 투자한다. 예를 들어 유명한 피델리티의 마젤란도 개방형 펀드여서 투자자들이 원할 때 돈을 더 투자할 수도 있고 반대의 경우 돈을 인출할 수도 있다. 이와 반대로 폐쇄형 펀드는 펀드 공모 때 이미 전체 금액을 정해 놓는다. 하지만 폐쇄형 펀드도 개방형 펀드처럼 어떤 때는 그보다 더 가격이 상승할 수 있다.

폐쇄형 펀드는 돈을 더 넣지 못하는 대신 매수하거나 매도할 수 있는데 일반적으로 뉴욕증권거래소에서 거래된다. 따라서 처음 펀드 공모 후 투자금을 넣거나 회수하고 싶으면 다른 사람으로부터 펀드 지분을 매수하거나 매도해야 한다. 이것은 마치 주식을 사고파는 것과 같다. 이런 특성 때문에 폐쇄형 펀드의 가격이나 가치는 그 기초 자산의 가치에 따라 달라진다. 얼마 전부터 폐쇄형 펀드가 펀드프리미엄을 제공하기 시작했는데 이 때문에 개방형 펀드보다 투자에 유리해졌다.

의 세계화로 혜택을 톡톡히 보고 있다. 지금 이들이 의무를 져버린다면 과거와는 비교도 하지 못할 정도로 큰 고통을 겪게 될 것이고, 긴 시간 동안 패널티 박스에 앉아 고통스럽게 다른 국가들이 바쁘게 질주하면서 골을 기록하고 경제성장과 번영으로 나가는 것을 우두커니 지켜봐야 할 것이다.

즉 지금은 환경이 다르다. 이머징마켓들은 디폴트를 선언하면 채권자들과 자본시장의 자경단원들보다 자신들이 더 큰 피해를 본다. 따라서 적절한 시기에 적절한 가격으로 이머징마켓의 주식과 채권에 돈을 투자한다면 성공할 수 있다. 사회 및 정치적인 환경이 변화하면서 이머징마켓의 리스크는 과거보다 훨씬 감소했고 덕분에 매력적인 투자시장으로 거듭났다.

이머징마켓의 또 다른 리스크는 몇 년의 시간을 주기로 밀려들어왔다가 빠져나가는 글로벌 유동성 사이클이다. 1994년 말 멕시코와 남아메리카 국가들은 과도한 단기 채무와 급격한 정치적 변화 때문에 경제 위기를 겪었다. 하지만 보다 근본적인 원인은 G3(미국, 독일, 일본) 국가들이 통화긴축정책을 실시하면서 유동성이 줄어 이머징마켓의 주식과 채권시장이 악화되었기 때문이다. G3국가는 선진국 중에서도 가장 중심에 있는 국가들로, 글로벌 시장의 유동성 흐름을 담당한다. 즉 세계경제의 중심이라고 할 수 있다. 그 다음은 G3정도는 아니지만 어느 정도 영향력이 있는 프랑스, 스페인, 영국 등이고 신흥국가들이 그 다음이다(〈그림 15-2〉 참조).

〈그림 15-2〉의 가장 바깥쪽 원에 위치한 국가들은 G3국가에 의존도가 매우 높다. 만약 미국, 독일, 일본의 중앙은행이 유동성을 늘린다면 신흥국가들은 번영할 것이다. 하지만 이들이 금리를 올리고 통화량을 줄여 유동성을 줄인다면 신흥국가들은 고통 받을 것이다. 1993년과 1994년 멕시코와 남아메리카 국가들의 경제 위기 때가 바로 그랬다. G3 선진국들이 통화긴축정책을 실시했고 실질금리를 크게 올렸다. 그 여파는 단순히 G3국가의 경제를 둔화시키는 데에서 그치지 않고 이머징마켓에서 자금을 빨아들여 버렸다. 반대로

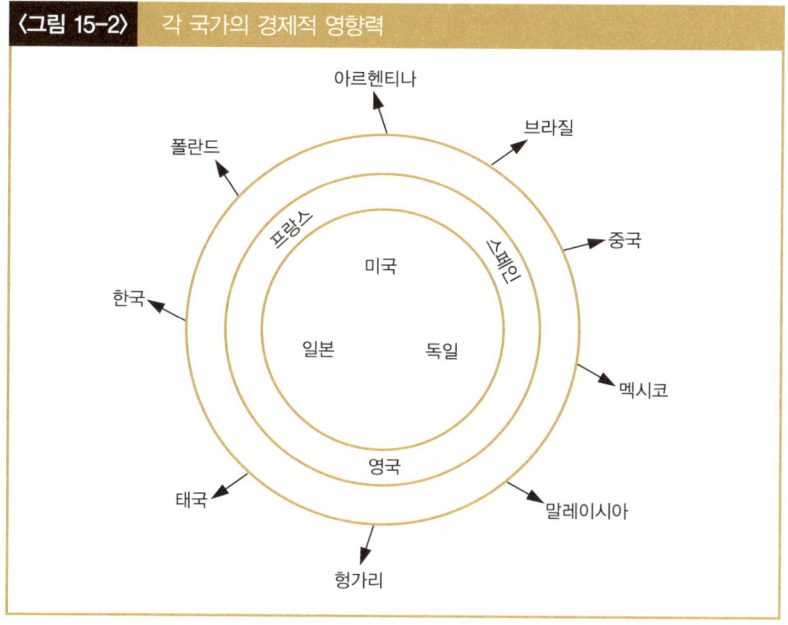

〈그림 15-2〉 각 국가의 경제적 영향력

1995년 G3국가들이 금리를 낮추자 신흥 시장도 되살아났다. 여기서 얻을 수 있는 교훈은 다음과 같다. 선진 3개국의 금리가 하락하면 신흥 시장에 투자하고 금리가 상승하면 신흥 시장의 돈을 빼라는 것이다. 매우 간단하지만 효과적인 규칙이다. 문제는 G3 국가들이 서로 다른 행보를 보일 때다.

옥석을 가려내자

그렇다면 여러 이머징마켓 중 어디에 투자해야 할까? 주식과 채권 중 어떤 것이 좋을까? 콕 집어서 말하기는 쉽지 않다. 게다가 시장의 가격과 상황은 빠르게 변동하기 때문에 몇 가지를 추천한다고 해도 이 책이 출판될 때쯤이면 너무 늦어 버릴지도 모른다. 다만 투자 전에 반드시 고려해야 할 조건들이 있는데, 이는 단순히 이머징마켓뿐 아니라 다른 시장에 투자를 고려할 때도 적용할 수 있으므로 꼭 숙지하도록 하자.

1 평균 이상의 경제성장률을 기록할 가능성이 매우 높아야 한다 (실질경제성장률 4% 이상).
2 정치 환경이 안정적이어야 한다.
3 GDP 대비 국가 채무 수준이 낮아야 한다(60% 미만).

4 무역 흑자나 무역 적자를 기록하고 있더라도 그 원인이 과도한 소비가 아니어야 한다.

5 개인 및 기업의 재산권이 법적으로 보호되어야 한다.

6 저축률이 높아야 한다.

현재 이머징마켓 중 이 6가지 조건을 모두 만족하는 국가는 없다. 하지만 6개 중 5개를 만족시키는 국가들이 상당수 있는데, 여기에 투자하면 리스크를 줄이면서도 수익을 높일 수 있을 것이다. 내가 분석한 바에 따르면 인도, 싱가포르, 칠레 등이 여타 이머징마켓보다 위에서 나열한 조건에 부합하는 것으로 나타났다. 하지만 투자하기 전에 이들 국가의 채권과 주식의 가격 수준을 반드시 고려해야 한다. 좀 더 리스크를 감수할 수 있다면 중국, 태국, 아르헨티나, 브라질도 괜찮다. 이머징마켓의 주식시장에 투자하려 한다면 앞에서 언급한 폐쇄형 펀드를 고려해 보자.

브래디채권

소액 투자자를 위한 이머징마켓 채권 투자 상품으로는 채권형펀드가 있다. 채권형 펀드 또한 개방형과 폐쇄형으로 나뉜다. 십만 달러 이상을 투자하는 개인투자자들과 PIMCO사 같은 기관투자자는 이머징마켓의 채권에 직접 투자할 수도 있다. 이머징마켓의 채권은 대부분 미국 재무부채권을 담보로 하는 브래디채권이다. 브래디채권은 미국 재무부장관이던 니콜라스 브래디 Nicholas Brady가 고안했고 그의 이름을 따서 브래디채권이라고 부르게 되었다. 꽤 좋은 제도였기 때문에 니콜라스 브래디 전 재무부 장관은 자신이 아니라 다른 사람이 만들었더라도 환영했을 것이다. 브래디채권은 국가마다 별 차이가 없는데, 무엇보다 중요한 공통점은 만기 시의 원금과 1년~2년간의 이자지불액을 미국 재무부채권을 담보로 보장하고 이를 조건부날인증서 형태로 뉴욕의 주요 은행에 보관한다는 것이다(〈그림 15-3〉 참조).

만약 멕시코가, Cetesc(연방재무성증권) 테소보노스(달러연동국채), 브래디채권에 대한 디폴트를 선언한다면 이 중 앞의 두 가지 채권에 투자한 투자자들은 모든 돈을 날리게 된다. 하지만 브래디채권 투자자들은 다르다. 만약 액면가가 1,000달러이고 디폴트 전 630달러에 거래되던 브래디채권에 투자했다면 원금과 이자를 합쳐 220달러를 건질 수 있다. 즉 미국 재무부는 멕시코 브래디채권 가치의 1/3 정도를 보증한다. 〈표 15-1〉을 보면 현재의 시장가격을 기준으로 다른 국가들도 멕시코와 비슷한 정도의 보증을 받고 있다는 것을 알 수 있다.

이머징마켓의 채권시장에 투자할 때 미국 재무부가 지급을 보증

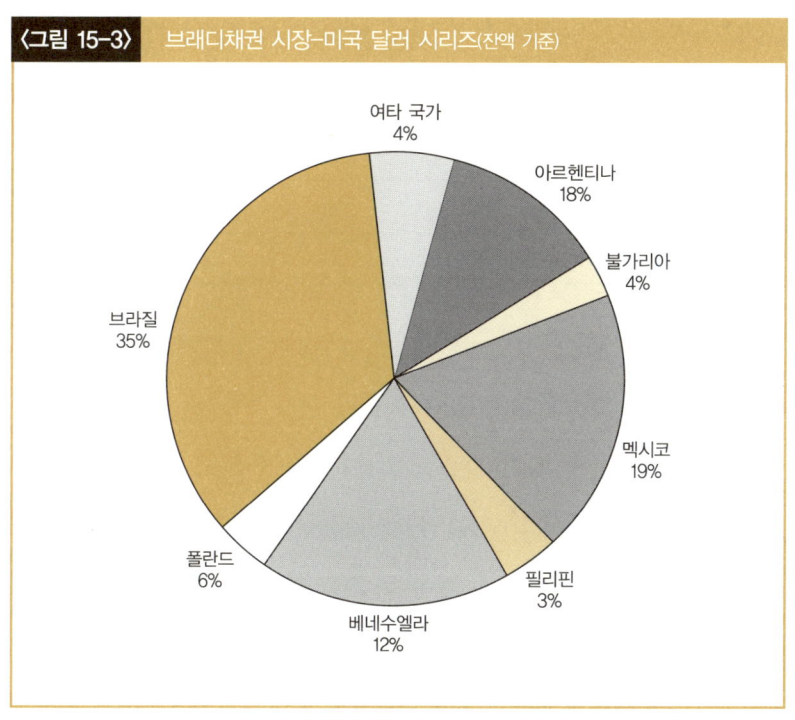

〈그림 15-3〉 브래디채권 시장-미국 달러 시리즈(잔액 기준)

하는지 여부가 중요하지만 절대적인 조건은 아니다. 아무래도 변동성이 큰 시장이라, 이머징마켓의 채권은 고정소득 증권이라기보다는 리스크가 높은 주식에 가깝다. 또 〈표 15-1〉에서 보는 것처럼 브래디채권이라고 해도 전체 가치의 3/5 정도는 미국 재무부의 지급보증을 받지 못한다. 따라서 결국 해당 국가의 신용이 중요한데 앞에서 언급한 6가지 조건을 고려해 투자 결정을 내리도록 한다. 물론 〈그림 15-3〉에 언급된 국가 중 6가지 조건을 모두 만족하는 국가

⟨표 15-1⟩ **미국 재무부가 지급을 보증하는 브래디채권 비율** (단위 : $, %)

	액면가	시장가치	미국 재무부 담보	보증비율	만기까지 수익률
멕시코	1,000	680	230	34	9.5
아르헨티나	1,000	600	200	33	10.2
브라질	1,000	570	200	35	10.5
베네수엘라	1,000	600	220	36	11.5

(자료 제공 : PIMCO)

는 없다. 예를 들어, 멕시코는 정치 상황도 불안하고 저축률도 낮다. 하지만 투자수익률이 10%를 넘기 때문에 멕시코 시장은 투자자들에게 미국 시장보다는 훨씬 높은 두 자리대의 투자수익률을 약속한다. 또, 미국에서 개인투자자들이 구매할 수 있는 신흥 시장 채권투자 상품은 브래디채권을 상당 부분 포함하기 때문에 최소한의 방어막은 갖추어진 셈이다.

마지막으로, 다른 투자에서도 그렇듯 투자 다변화를 통해 리스크를 줄여야 한다. 내가 일하는 PIMCO의 투자 포트폴리오 중 신흥 시장의 채권에 대한 투자는 최고 5%를 넘지 않는다. 변동성으로 인한 리스크를 개의치 않는 투자자라면 비율을 10%까지 높일 수도 있을 것이다. 하지만 사고는 발생하기 마련이다. 투자도 중요하지만 밤에 마음 편하게 잠도 자야 한다. 욕심을 부리다가 왕의 자리를 내놓아야 했던 불쌍한 거북이 예를을 잊지 말자.

Chapter 16
이상한 나라의 미키
버틀러크릭 시대의 채권

• • •

가끔 나는 내 방에 앉아 나에 관한 기사를 읽곤 한다. 어린 팬들이 나에 관한
기사를 무조건 스크랩했던 때도 있었다. 이제는 지겨워졌는지 내게 스크랩한
기사를 보내 주곤 한다. 스탠 뮤지얼Stand Musial이나 조 디마지오Joseph Paul DiMaggio도
나와 같은 경험이 있는지 모르겠다. 어쨌거나 팬들이 보내준 나에 대한
기사를 읽고 있으면 마치 다른 사람 이야기를 읽는 것 같은 기분이 든다.
– 미키 맨틀Mickey Mantle의 자서전 중

어느 일요일, 앞에서 말했듯 무늬만 가톨릭 신자인 나는 여느 때처럼 성당에 앉아 인생에 대해 생각하면서 여덟 살짜리 막내아들 녀석을 가능한 조용히 시키려 노력하고 있었다. 내 아들 닉은 세인트 캐서린 성당에서 나누어 준 주보에 무언가를 열심히 그려대고 있었다. 아들의 그림을 보고 아내 수는 성경에 나오는 '십자가의 길'을 그린 거라고 추측했지만 아들은 그날 오후에 있을 하키 시합의 작전을 그려본 거라고 대답했다. 그러더니 "아빠, 성당은 지루하지 않아요?" 라는 질문으로 나를 대화에 끌어들였다. 그렇지 않아도 그날 아침에 있었던 샌프란시스코 포티나이너스

미식축구 경기를 보고 싶어 몸이 근질근질하던 나는 아들의 질문에 뭐라고 대답해야 할까 고민했다. 그렇다고 성당에서 거짓말을 할 수도 없었다. 고심 끝에 "가끔 지루하지. 하지만 배울 게 많잖아. 그러니까 하키 그림은 한쪽으로 치워놓고 신부님 말씀 좀 들으렴"이라고 대답해 겨우 위기를 모면했다.

그렇게 대답하면서 나 또한 머릿속에서 제리 라이스Jerry Rice(샌프란시스코 포티나이너스 리시버) 지우고 설교를 듣기 시작했다. 신부님은 육신의 소중함에 대해 강조하면서 우리의 육신이 천국의 문으로 들어가게 된다고 설교하시려는 참이었다. 로마 가톨릭교에서는 육신이 영혼에서 중요한 부분을 차지한다고 믿는다. 그래서 예수님이 그랬던 것처럼 우리도 죽으면 우리의 영혼뿐만이 아니라 육신도 함께 천국으로 가게 된다고 믿는다. 원래 영생에 대해 회의적인 시각을 가지고 있던 나는 설교를 듣고 궁금해졌다. 언제 육신이 천국으로 가게 되는 걸까? 어느 누구도 관절염과 주름이 자글자글한 피부, 요실금으로 고달픈 90대의 육신을 가지고 천국에 가기를 바라지는 않을 것이다. 만약 천국에도 거울이 있다면 나는 머리카락도 많았고 허리선도 날렵했던 28세 때의 몸으로 천국에 가고 싶다. 물론 내가 천국에 가게 된다면 그것도 기적이겠지만, 혹시라도 가게 된다면 적어도 콩팥만큼은 새 것으로 바꾸어 주셔서 밤에 화장실에 가느라 일어나지 않고 8시간을 푹 잘 수 있게 해주시고, 회의 때 커피 한 잔 마셨다고 30분에 한 번씩 화장실에 가지 않게 해달라고 신께 기도했다.

이런 생각은 또 다른 저런 생각으로 이어지기 마련이어서, 나는 천국에 대해 생각하다가 갑자기 유명한 뉴욕양키즈 야구 선수 미키 맨틀이 생각났다. 미키 맨틀은 은퇴 후 자신의 선수 시절을 곧잘 추억하곤 했는데, 말년에는 자신이 통산 홈런을 500개 이상이나 기록한 대 선수라는 사실마저도 믿기지 않는 것처럼 말하곤 했다. 마치 자신이 누구였는지 확실하지 않거나 기억하지 못하는 것 같았다. 미키 맨틀은 마치 동화 이상한 나라의 앨리스에서 "넌 누구냐?"라고 묻는 쐐기벌레 앞에 선 앨리스 같았다. 하지만 우리도 자신이 누군지에 대해서는 확신이 없다. 젊은 시절의 영혼과 신체가 나일까? 아니면 노년기의 영혼과 신체가 진짜 나에 더 가까울까?

어려운 질문이다. 언뜻 드는 생각은 나이가 들었을 때가 진짜 나에 더 가깝지 않을까 싶다. 서구 문화 속에서 인생은 하나의 연속체로 인식된다. A지점에서 출발해 배우고 경험을 쌓다가 결국 마지막 순간에 자신과 인생에 대해 깨닫게 된다. 하지만 정말 인생의 의미가 종착역인 Z지점에 다가갈수록 명확해질까? M지점이나 Q지점일 수도 있지 않을까? 헤밍웨이도 나이가 들면 현명해지는 게 아니라 다만 조심스러워지는 것뿐이라고 말하지 않았던가? 게다가 나이가 들면 망령이 들거나 알츠하이머를 앓기도 하며, 그 외에도 여러 가지 좋지 않은 변화를 겪는다. 나아지는 게 아니라 오히려 더 악화된다.

여기에 대해 나 말고 다른 사람들은 별 관심이 없을지 모른다는 생각이 들어 나는 다시 현실로 돌아오겠다. 나는 여전히 아들 녀석이 미사를 드리는 동안 얌전히 앉아 있게 하려고 애쓰면서 '어떤 육신을 가지고 천국에 가면 좋을까?' 하는 생각을 했다. 그러다가 '그럼 그 육신에는 어떤 정신과 영혼을 집어넣어야 좋을까?' 하는 생각이 들었다. 이단적이면서 신랄하지만 생기와 열정이 넘쳤던 나의 청년 시절의 영혼을 넣어야 할까? 아니면 그보다 온화하고 이해심이 넓으며 경험이 많은 지금의 영혼을 넣어야 할까? 어떤 것이 더 좋을까? 어느 것이 진짜일까? 꼭 하나만 고집해야 할까? 인생에서 답을 찾기란 쉽지 않다. 질문은 늘 어렵다. 그래서 도대체 나는 누굴까?

주식은 영원하다?

독자들에게 묻고 싶은 질문이 하나 있다. 21세기 당신에게 돈을 무조건 주식시장에 투자하라고 조언하는 전문가는 누구인가? 투자 포트폴리오를 다변화하더라도 절대 채권에 돈을 투자해서는 안 된다고 말하는 전문가는 누구인가? 이들이 내놓는 답은 다음과 같다. 이들은 〈그림 16-1〉의 그래프를 가리키면서 장기적으로 주식이 채권보다 훨씬 낫다고 목소리를 높일 것이다.

〈그림 16-1〉은 제레미 시겔Jeremy Siegel이 집필한『장기 투자 바이블Stocks for the Long Run』이라는 책에 있는 그래프로 19세기 초부터 지금까지 주식, 채권, 단기채권, 금으로 얻은 투자 수익을 인플레이션을 적용해 통계를 냈을 때 주식이 타의 추종을 불허할 만큼 높은 수익을 올렸다는 사실을 확실히 반증하고 있다. 19세기 초 1달러였던 주식이 지금까지 거래되고 있다면 현재 가치로는 십만 달러에 달할 것이다. 반면 미국 재무부채권은 고작 600달러 남짓일 것이다. 자산에 대한 총수익 측면에서도 큰 차이가 있지만 제레미 시겔은 주

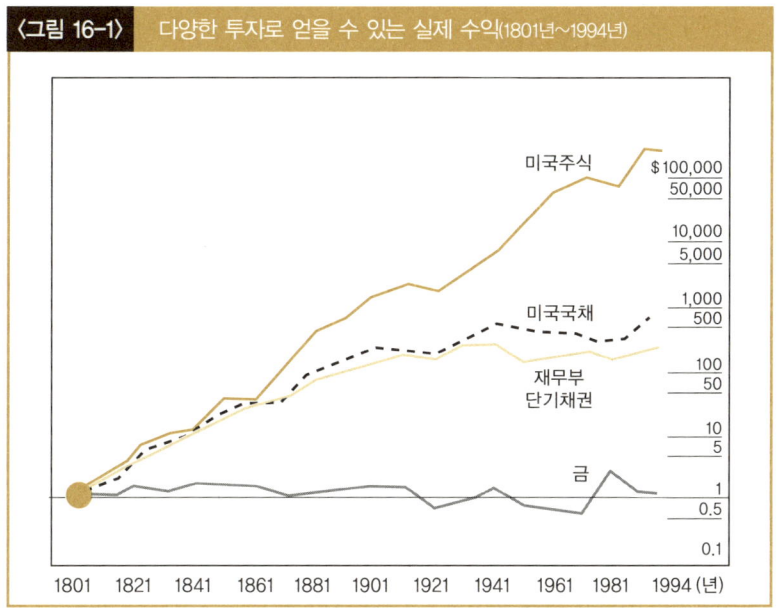

〈그림 16-1〉 다양한 투자로 얻을 수 있는 실제 수익(1801년~1994년)

*1801년을 1달러로 잡았을 때 LOG SCALE 그래프　　　(자료 제공 : 제레미 시겔의 장기 투자 바이블)

식이 장기 채권을 연평균 3.1%씩 앞섰다고 지적했다. 또 전체 195년 기간을 25년 단위로 나누고 해당 기간 동안의 주식과 채권의 스프레드를 측정했을 때 채권이 주식을 이긴 것은 고작 26번에 불과했다. 이는 전체 기간 중 15%일 뿐이다. 그런데 이 모든 것은 지난 세기의 자료다.

나는 라스베이거스에서 블랙잭게임을 하면서 이길 확률이 51:49일 때 많은 돈을 베팅해 쥐꼬리만큼 돈을 벌곤 했다. 이랬던 내가 주식이 채권을 이길 확률이 85:15 이상인데 주식시장에 돈을 투자하지 말라고 권하겠는가?

| 채권 투자도 해야 한다

다만 채권 투자를 아예 배제해야 한다는 주식 투자전문가들의 의견에 반대할 뿐이다. 8장에서 아무리 이길 확률이 높더라도 가진 돈을 모두 테이블에 올려놓아서는 안 된다는 도박꾼의 파산에 대해 설명했다. 이것은 상당한 돈을 잃을 수 있기 때문이었다. 1972년부터 1975년까지 주식시장이 40%나 하락했던 것을 기억하는가? 블랙먼데이를 기억하는가? 이들을 절대 잊어서는 안 된다. 이 때문에 채권이 장기적인 투자 포트폴리오에 반드시 포함되어야 한다.

주식에 돈을 몽땅 투자하면 안 되는 또 하나의 이유는 아이러니하게도 '주식이 만병통치약이다'라는 일반적인 인식 때문이다. 모든 사람들이 주식에 장기적으로 투자해야 사는 것이 편하다고 생각하는 것 자체가 잘못된 일이다. 지금부터는 경제성장이 둔화되어 채권 투자의 성과가 주식 투자보다 좋았던 그 15%의 기간 중 하나가 시작될 가능성이 있기 때문이다. 저명한 경제학자이자 기부금펀드 고문인 피터 번스타인Peter Bernstein은 "오늘날 우리들의 머릿속에는 끊임없이 올라가는 가격 상승에 관한 기억으로 가득 차 있다. 믿어지지 않겠지만 우리 인생은 절대 그렇지 않았다"고 지적했다. 또 몇 년 전만해도 비관론자들의 주장이 주목을 받았는데 "그들의 주장마저도 나쁜 소식이 아니라 좋은 소식이었다. 그것이 놀라운 점이다"라면서 당시 분위기가 어땠는지를 설명했다. 그리고는 마치 마지막 당부의 말을 남기듯 주식, 채권, 현금으로 10년간 벌어들인 총수익을 비교한 차트를 발표했다(〈그림 16-2〉 참조). 이 자료는 연간 총수익이 아니라 10년간 축적된 총수익을 비교한 것으로 1926년에서 1995년까지 조사한 것이다. 이 그래프를 보면 상당 기간 주식이 최고의 투자 수익을 기록했지만 1970년대 초반부터 거의 10년 동안 채권뿐만 아니라 현금마저도 주식보다 나은 성과를 기록했다. 또 1980년대 중반 주식과 채권으로 벌어들인 총수익은 거의 우열을 가리기 힘들 정도였다.

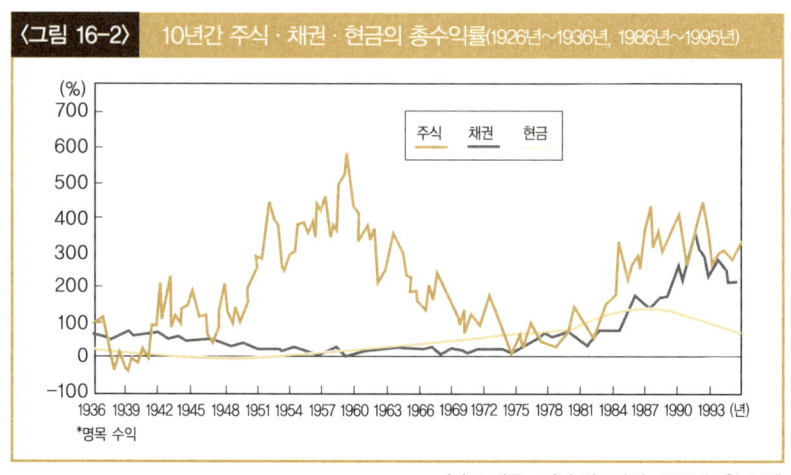

(자료 제공 : 피터 번스타인, 1996년 1월 15일)

　이런 통계자료들은 꽤 오랜 시간 채권이 주식보다 더 나은 투자 성과를 올릴 수도 있다는 사실을 반증한다. 우리는 그때가 언제인지 예측해 내야 한다. 채권 가격에 가장 큰 영향을 미치는 변수들인 경제성장, 기업 이익, 인플레이션을 고려해 예측할 수 있다. 1970년대는 주식보다 채권이 더 뛰어난 수익을 기록했으므로 이 기간을 분석하면 실마리를 얻을 수 있을 것이다. 1974년에는 급격한 불황을 겪었다. 그 이전 5년간 기업의 영업 실적은 형편없었고 인플레이션까지 가속화되어 주식시장이 신통치 않았다. 그런데 지금의 상황은 이 세 가지 조건 중 어느 것에도 부합되지 않는다.
　주식투자전문가들은 내게 대체 무엇이 문제냐고 반문할지도 모르겠다. 사실 그리 큰 문제는 아니다. 앞으로 몇 년 동안도 언제나처럼 주식시장의 투자수익률이 채권투자수익률을 훨씬 넘어설지도 모른다. 다만 한 가지 꺼림칙한 부분이 있다. 앞에서 나는 향후 몇 년간 명목 GDP가 4%~5%를 기록할 것이라고 누누이 강조했다. 만약 그렇게 된다면 반드시 짚고 넘어가야 할 문제가 있다. 명목 GDP는 결국 국가 전체의 매출이다. 명목 GDP가 4%~5%의 성장세를 보인다면 미국 기업의 매출이나 수익이 비슷한 수준으로 성장한다는 뜻이다. 명목 GDP는 사실 미국 기업들의 매출 성장률이나 마찬가지다. S&P500 기업의 매출 성장이 결국 국가 전체의 매출 성장과 연동된다면(그리고 앞으로도 연동될 거라면) 그리고 명목경제성장률이 4%~5%라면 기업의 이윤이 증가할 만한 기반이 거의 없다고도 평가할 수 있다. 지난 몇 년간 기업들의 이익이 크게 성장했던 이유는 규모를 줄이고 기술 투자로 생산성이 향상되었기 때문이었다. 곧 해고율이 하락하고 기업들은 직원을 기계로 대체할 여력이 없어질 것이다. 나는 가까운 미래에 이런 현상들이 발생할 것으로 생각한다. 그렇다면 기업 이윤의 증가는 매출 증가 수준과 거의 비슷하게 연간 5%~6% 수준이 될 것이다.

지금의 현실을 인식하는 사람은 거의 없다. TV를 켜면 어떻게 자신의 기업이 연성장률 20%가 넘는 매출 및 이익 성장을 달성하고 있는지를 설명하는 CEO를 심심치 않게 볼 수 있다. 그러나 앞으로는 달라질 것이다! 일부 소수만 지금까지처럼 높은 이윤을 실현하고, 다수는 명목 GDP와 비슷한 정도를 기록할 것이다. 대다수의 주식이 두 자리대 수익을 기록할 거라고 기대하는 투자자는 허황된 단꿈에 젖어 있는 셈이다. 이 꿈을 뒷받침할 만한 기반이 현실에는 없다.

그런데 기업 이윤 성장이 실질 GDP 팽창에 의해 제한된다면 채권이 주식보다 나았던 바로 그 기간을 만들어 낸 재료가 갖추어지는 셈이다. 물론 상황이 아주 나쁘지는 않기 때문에 채권이 연간 1%~2% 정도 주식보다 높은 수익률을 기록할 것 같다. 그렇다면 채권을 투자 대상으로 고려하는 데서 그칠 게 아니라 채권의 비율을 높

현명한 투자자 지방채

지방채의 인기가 많은 이유는 대부분 연방 세금이 부과되지 않기 때문이다. 게다가 자신이 거주하는 지역에서 발행하는 지방채에 투자하면 지방세도 면제된다. 이러한 세제 혜택 때문에 소득세를 많이 내야 하는 고소득 근로자들이 재무부채권보다 이자가 낮은 지방채에 투자하곤 한다. 대략적으로 신용 등급이 높은 지방채의 수익은 만기가 동일한 재무부채권 수익의 4/5 혹은 80% 정도다. 만기가 매우 짧은 경우는(1년~3년) 70% 정도다.

이렇게 수익률이 낮기 때문에 연방 세금에 관한 한계세율이 30% 수준에 육박하는 투자자의 경우에만 세제 혜택의 효과가 나타난다. 지방채가 자신의 포트폴리오에 적절한지 세금 컨설턴트에게 상담하라.

이는 것도 생각해 봐야 한다. 사람마다 다르긴 하겠지만 25%~50% 정도를 채권에 투자하면 버틀러크릭 시대에 맞는 적절한 수준이라고 생각한다. 나머지는 해외 채권과 자신의 세금 상황을 고려해 지방채에 할당하도록 하자.

내가 할 수 있는 최고의 조언은 나를 비롯해 어떤 투자전문가도 믿지 말라는 것이다. 아무리 전문가라도 자신의 특정 분야에 대해서만 전문성을 가지고 있기 때문이다. 대신 의외의 상황에 대비하고 이를 반영하기 위해 투자 포트폴리오를 다변화하라. 가장 실현 가능한 시나리오에 대해서는 3년~5년을 내다보는 장기적인 시각을 반영하라. 그렇다고 "너는 누구니?"라는 질문에 언제나 대답할 수 있을 만큼 스스로에 대한 확신이 생기는 것은 아니겠지만 장기적인 투자 수익률을 높일 수 있는 확실한 길은 찾게 될 것이다.

Chapter 17

니체, 다윈을 만나다

우리 앞에 놓인 투자 선택

• • •

다윈의 진화론에 나온 인간은 결국 면도한 원숭이에 지나지 않는다.
원숭이보다는 얌전하기는 하지만 말이다.
— 윌리엄 슈벵크 길버트 W.S. Gilbert

내가 처음 화장실 낙서를 본 것이 몇 살 때인지 정확하게 기억나지는 않는다. 아마 일곱 살이나 여덟 살이 아니었을까 싶다. 엄마가 여자 화장실에 데리고 들어가지 않기 시작했던 때이니까 말이다. 그때만 해도 여자 화장실에 들어가 변기에 앉으면 볼거리라고는 검은색 벽뿐이었다. 나는 처음으로 혼자 남자 화장실에 용감하게 들어갔다. 그런데 이 새로운 세계에서 나는 셰익스피어를 인용한 것 같이 보이는 중요한 낙서 한 줄을 발견했다. 그런데 낙서는 이해할 수도 없었을 뿐더러 제대로 발음할 수도 없었다. 거기에는 "신은 죽었다 – 니체 Nietzsche. 니체는 죽었다 – 신"이라고 쓰여 있었다. "니체란 사람이 누구지?"라는 생각이 들었다. 그런데 왜 신이 죽었다고 생각하는 거지? 그래서 신이 니체인가, 이 사람을 죽인 것인가? 여러모로 궁금한 점이 많았다. 이것이 내가 처음으로 무한한 '자유의지' 이론을 접한 것이라고는 당시에는 알 수 없었다.

내가 대학 다닐 때 철학수업시간에 배운 내용에 따르면 니체와 그의 '슈퍼맨'은 인간에게 자유의지가 있기 때문에 마치 신이 죽은 것처럼 느껴졌다고 한다. 즉 인간은 스스로의 운명을 결정할 수 있고 덕분에 인간이 무한한 가능성과 선택권을 갖게 되면서 인간은 자신에게는 신과 같은 존재가 되어 버렸다는 뜻이다. 물론 니체는 죽었다. 하지만 굳이 입으로 말하지 않는다 뿐이지(물론 신도 말하지 않는다) 자유의지에 관한 논쟁은 지금도 계속되고 있다. 그러나 이제는 논쟁의 중심이 니체 같은 유명한 철학자가 아니라 과학자다. 특히 유전학자들은 내가 어렸을 때 봤던 화장실 벽 낙서의 현대 버전 같은 질문을 던지고 있다. 최근 「뉴욕타임스」는 '나의 얼마큼이 유전자에 들어있을까?'라는 제목의 기사를 실었다. 나는 이 문장이 21세기와 그 이후에도 쭉 우리가 생각해 봐야 할 형이상학적, 사회학적, 심리학적 질문이라고 생각한다. 모든 것이 다 유전자 때문이라면 인간은 자유의지를 가지고 있지 않다는 뜻이다. 반대로 유전자가 전혀 영향력이 없다면 우리는 스스로의 운명을 결정할 수 있을 것이다.

근대 미디어에서는 비슷한 논쟁을 쉽게 찾아볼 수 있다. 찰스 머레이의 『종곡선 The Bell Curve』은 그중에서도 가장 많이 회자되었다.

이 이론은 미국에서 흑인들의 지적 능력을 무시하기 위해 많이 인용되는데 그 골자는 IQ가 유전에 의해 결정된다는 것이다. 설령 이것이 사실이라고 해도 이 이론을 현실이라고 인정하면 사람들이 원하지 않는 결과를 가져오게 될 것이다. 종곡선이론은 우리가 아무리 노력해도 결국 바꿀 수 있는 것은 없으며 수많은 DNA조합에서 우리는 무기력하게 손을 놓고 있을 수밖에 없다는 뜻이기 때문이다.

심지어 최근에는 불륜도 우리의 유전자에 의해 결정된다는 이론이 제기됐다(『플레이보이』의 창립자인 휴 헤프너Hugh Hefner재단이 연구 지원을 했다는 소문이 있다). 남성들이 여성들 주위를 어슬렁거리는 것은 나쁜 남자여서가 아니라 유전자적으로 아이를 많이 낳도록 되어 있기 때문이라는 것이다. 조강지처를 버리고 젊은 여성과 결혼하는 것도 같은 이유 때문이라고 한다. 여성들도 이 이론에서 자유로울 수는 없다. 여성들은 유전적인 기준으로 배우자를 고른다고 설명한다. 만약 부인이 당신의 유머 감각에 반했다고 생각하고 있었다면 다시 생각해 봐라. 이런 이론들은 그리 달갑지도 않을뿐더러 사람을 우울하게 만들기까지 한다.

그 외에도 여러 유전학이론이 있지만 마지막으로 소개할 책은 로버트 라이트Robert Wright의 『도덕적 동물The Moral Animal』이다. 이 책은 사랑, 동정, 정직, 감사 등의 감정까지 유전적인 결과라고 주장한다. 책의 마지막 부분에는 우리가 어떻게 태어나는지가 가장 중요하다고 쓰여 있다. 우리의 식성마저도 난자와 정자가 수정될 때 결정된다는 것이다.

나는 이 이론들이 어떤 결과를 만들어낼지 잘 모르겠다. 하지만 여기에 대해 많은 생각을 해 보았다. 가끔은 이런 유전학자들이 현대사회의 코페르니쿠스Copernicus 같다는 생각이 든다. 세상은 아직 지구가 중심이라고 믿고 싶어 하는데 그것이 아니라고 하면서 새로운 발견을 세상에 내어놓는 것 같다고 느껴지기 때문이다. 하지만 어떤 때는 어렸을 때 화장실에서 처음 알게 된 니체와 인간의 영혼과 자유의지의 근원에 대해 생각한다. 모든 것이 정말 유전적으로 결정된다면 우리의 존재 이유가 사라진다. 신께서 다양한 유전적 장치를 가지고 미리 짜놓은 연극을 어디에선가 상영하실 때까지 기다리기만 하면 되는 것 아닌가? 그냥 나중에 확인이나 하면 된다. 혹자들은 인간에게 그 정도의 자유의지나마 있다고 생각할지도 모를 일이다.

| 항구로 돌아가다

나는 이 책을 어떻게 마무리해야 좋을까 고심했다. 존재의 의미에 대한 묵직한 질문 같은 것으로 책을 마무리하고 싶지는 않았다.

독자들이 이 책을 읽으면서 재미도 느끼고 정보도 얻었기를 바란다. 또 독자들이 앞으로 투자를 하려면 과거 100년 혹은 200년 동안과 다른 투자 사고방식이 요구된다는 사실을 깨달았으면 한다. 앞으로는 총수익이 제한되고 투자 환경의 변동성은 줄어들기 때문에 투자자들은 시장을 다른 시각에서 바라봐야 한다. 매일 지불하는 수수료를 줄이고 장기적인 시각을 가져야 한다.

그리고 다음과 같은 세부적인 투자 전략을 갖도록 하자.
1 채권 투자의 만기를 연장해라. 특히 현금등가물을 활용하라.
2 물가연동채권으로 인플레이션 리스크를 헤지하라.
3 채권 투자 포트폴리오에 합리적인 수준의 모기지를 포함시켜라.
4 해외 시장, 그중에서도 이머징마켓에 주목하라.
5 채권이 주식에 대한 매력적인 대안이 될 수 있다는 점을 고려하라.

이 5가지는 내가 PIMCO에서 900억 달러나 되는 고객들의 돈을 관리하면서 적용한 전략이다. 나는 이 전략 덕분에 앞으로 3년~5년 동안 내가 남들보다 더 나은 수익을 올릴 수 있을 거라고 믿고 있다. 나에게 효과가 있다면 독자들에게도 마찬가지일 것이다. 그러나 이들이 투자자들을 단박에 부자로 만들어 주는 것은 아니다. 사실 그런 시대는 이제 끝나버렸다. 다만 1%~2% 정도 수익률을 높여줄 텐데 이 정도만 해도 버틀러크릭 시대를 헤쳐 나가는 데 큰 도움이 될 것이다. 덕분에 조그마한 쪽배가 아니라 커다란 크루저를 탄 것처럼 편안하게 새로운 투자 환경에 적응할 수 있을 것이다.

    이 책의 파트 1에 소개된 경제 환경에 대한 대략적인 설명은 독자들이 투자 성공으로 나아가는 길을 스스로 찾는 데 도움을 줄 것이다. 만약 나보다는 좀 더 리스크를 감수할 수 있는 공격적인 투자자라면 지금의 글로벌 환경에 대해 생각해 보고 자신의 투자 포트폴리오에 적용하도록 한다. 반면에 보수적인 투자자라면 투자 포트폴리오에 내가 앞에서 제시한 기본적인 아이디어를 적용하려 노력해 보자. 투자를 하지 않는 사람들에게도 이 책이 소일거리가 되었으면 하고 바란다.

    여러분 모두에게 행운을 빈다! 일단 이 책은 여기서 끝이다. 모두들 지금까지의 항해가 즐거웠기를 바란다!

참고문헌

론 처노(Ron Chernow), 『금융제국 JP모건(The House of Morgan: An American Banking Family & the Rise of Modern Finance)』뉴욕: 사이몬 & 슈스터, 1991

제임스 그랜트(James Grant) 『마음의 돈(Money of the Mind: Borrowing and Lending in America from the Civil Wat to Michael Milken)』뉴욕: 파라, 스트라우스 앤 지루, 1994

제임스 그랜트(James Grant) 『마음의 돈(Money of the Mind: How the 1980's Got That Way)』뉴욕: 파라, 스트라우스 앤 지루, 1992

윌리엄 그라이더(William Greider) 『하나 된 세계를 대비하라(One World, Ready or Not: The Manic Logic of Global Capitalism)』뉴욕: 사이몬 & 슈스터, 1997

윌리엄 그라이더(William Greider) 『연방준비위원회의 비밀(Secrets of the Temple: How the Federal Reserve Runs the Country)』뉴욕: 사이몬 & 슈스터, 1989

로버트 하일브로너(Robert Heilbroner) 『경제사회의 건설(The Making of Economic Society)』뉴저지: 프렌티스홀, 1992

폴 존슨(Paul Johnson) 『모던타임즈(Modern Times: The World from the Twenties to the Nineties)』뉴욕: 하퍼스콜린스, 1992

에드윈 르페브르(Edwin Lefevre) 『월스트리트의 주식투자 바이블(Reminiscences of a Stock Operator』뉴욕: 존 와일리, 1994

맨커 올슨(Mancur Olson) 『국가의 흥망성쇠(The Rise and Decline of Nations: Economic Growth, Stagflation, & Social Rigidity』코네티컷: 예일대학교, 1982

아담 스미스(Adam Smith) 『페이퍼머니(Paper Money)』뉴욕: 서밋북스, 1981

채권 투자란 무엇인가?

초판 1쇄 발행 2011년 12월 19일
　3쇄 발행 2022년 12월 1일

지은이　윌리엄 H. 그로스
옮긴이　박준형

펴낸곳　(주)이레미디어
전화　031-908-8516(편집부), 031-919-8511(주문 및 관리) | 팩스 0303-0515-8907
주소　경기도 파주시 회동길 219, 사무동 4층 401호
홈페이지　www.iremedia.co.kr | 이메일 ireme@iremedia.co.kr
등록　제396-2004-35호
편집　권병재 | 디자인 피앤피디자인(www.ibook4u.co.kr)
마케팅　연병선 | 재무총괄 이종미 | 경영지원 김지선

ISBN 978-89-91998-63-6　13320

·가격은 뒤표지에 있습니다.
·잘못된 책은 구입하신 서점에서 교환해드립니다.
·이 책은 투자 참고용이며, 투자 손실에 대해서는 법적 책임을 지지 않습니다.

이 도서의 국립중앙도서관 출판예정도서목록(CIP)은 서지정보유통지원시스템 홈페이지(http://seoji.nl.go.kr)와 국가자료종합목록시스템(http://www.nl.go.kr/kolisnet)에서 이용하실 수 있습니다.(CIP제어번호 : CIP2012002655)

당신의 소중한 원고를 기다립니다. mango@mangou.co.kr